中國第一歷史檔案館

明清宫藏中西商貿檔案（六）

道光八年起
道光二十三年止

中國檔案出版社

目录

第六册

六三九　粤海關監督延隆奏折

接收關税銀數盤核清楚

（道光八年三月二十六日）

奴才延隆跪

奏爲恭報接收交代關税銀數盤核清楚，仰祈

聖鑒事。竊奴才蒙

恩簡放粤海關監督，業將到任接印日期恭疏

題報，並繕摺叩謝

天恩在案。兹查督臣李鴻賓移交關庫存貯各款銀

兩内，己丑年分關税自道光六年八月二十六

日起，連閏至七年七月二十五日止，一年期内

征齊存庫解京銀兩，業經督臣李鴻賓兼署關

六三九　粵海關監督延隆奏折

接收關稅銀數盤核清楚（道光八年三月二十六日）

務任内將收支存解數目

奏明於八年二月十六等日委員分批起解除起解過正羡銀一十六萬五千兩實尚存庫正羡雜羡并飯食水脚平餘珠價參價及洋商繳還帶征甲申年分五限各款銀一百八十二萬七千三百一十四兩六錢九分七釐又庚寅年分關税前監督文連管理任内自道光七年七月二十六日起至十一月二十四日止計三箇月零二十九日大關各口共征銀九十二萬五千

六三九　粤海關監督延隆奏折

接收關税銀數盤核清楚

(道光八年三月二十六日)

七百四十九兩七錢六分二釐督臣李鴻賓兼署任内自十一月二十五日起至八年二月二十二日止計兩箇月零二十八日大關各口共征銀一十七萬六千六百四十兩一錢一釐二共征銀一百一十萬二千三百八十九兩八錢六分三釐内除支銷通關經費及各口已征未解銀一萬八千八百三十五兩六錢一分四釐洋商未完進口夷税銀五十五萬二千七百七十四兩七錢一分一釐實存庫銀五十三萬七

六三九　粤海關監督延隆奏折

接收關税銀數盤核清楚（道光八年三月二十六日）

百七十九兩五錢三分八釐另存平餘罰料截

曠銀一千六百五十六兩二錢五分二釐　俱

按款查明逐封彈兑接收清楚其洋商未完進

口夷税銀兩並准交有洋商認狀存據係前監

督李質穎

奏明統於滿關後六箇月内征齊起解經部議准

應仍遵照舊定章程辦理　俟接篆後即將已丑

年分征存各款銀兩按批接續起解歸於該年

奏銷案内將征解税銀數目另行具

六三九　粵海關監督延隆奏折

接收關稅銀數盤核清楚

（道光八年三月二十六日）

題所有奴才接收關稅銀數盤核清楚緣由除循例
恭疏
題報外理合繕摺具
奏伏乞
皇上聖鑒謹
奏

知道了

道光八年三月　二十六　日

六四〇　粵海關監督延隆奏折

報告征收關税總數

(道光八年八月二十六日)

奴才延隆跪

奏為恭報關税一年期滿征收總數仰祈

聖鑒事竊照粵海關征收正雜銀兩向例一年期滿

先將總數

奏明俟查核支銷確數另行恭疏具

題並分款造冊委員解部歷年遵照辦理在案查

粵海關原定正額銀四萬兩銅斤水脚銀三千

五百六十四兩又嘉慶四年五月户部劄行奉

上諭向來各關征税於正額之外將盈餘一項比較上

六四〇　粤海關監督延隆奏折

報告征收關税總數

(道光八年八月二十六日)

三届征收最多年分如有不敷即著經征之員賠補
以致司榷各員籍端苛斂而賠繳之項仍未能如數
完交徒屬有名無實因思各關情形不同所有盈餘
數目自應酌中定制以歸核實而示體恤已於戶部
所奏各關盈餘銀數清单内經朕查照往年加多之
數分别核減自此次定額之後倘各關每年盈餘於
新定之數再有短少即行著落賠補如於定數或有
多餘亦即儘收儘解其三年比較之例著永行停止
欽此並奉

六四〇 粤海關監督延隆奏折

報告征收關税總數

(道光八年八月二十六日)

欽定粤海關盈餘銀八十五萬五千五百兩欽遵亦在案兹查粤海關遞年連閏趲前應征庚寅年分關税自道光七年七月二十六日起至八年七月二十五日關期報滿止一年期内前監督文連經征三箇月零二十九日兩廣督臣李鴻賓兼署任内經征兩箇月零二十八日臣接征五箇月零三日三任合征統計十二箇月大關各口共收銀一百四十四萬一千九百二十四兩五錢九分六釐除征足正額銀四萬兩銅斤水

六四〇　粵海關監督延隆奏折　報告征收關税總數
（道光八年八月二十六日）

脚銀三千五百六十四兩並征足
欽定盈餘銀八十五萬五千五百兩外計多收銀五十
四萬二千八百六十兩五錢九分六釐除將到
關船隻及貨物粗細分别造冊送部核對外所
有關税一年期滿征收總數理合恭摺具
奏伏乞
皇上聖鑒謹
奏
知道了
道光八年八月　二十六　日

六四一　粵海關監督延隆奏折
報解關稅盈餘銀兩
（道光九年二月二十六日）

奴才延隆跪

奏為恭報起解關稅盈餘銀兩數目仰祈

聖鑒事竊照粵海關每年起解正雜銀兩例應恭摺

奏報茲查關期遞年連閏趲前應征庚寅年分稅餉前監督文連管理任內自道光七年七月二十六日起至十一月二十四日止計三箇月零二十九日大關各口共征銀九十四萬三千四百七十一兩五錢二分四釐兩廣督臣李鴻賓兼署任內自七年十一月二十五日起至八年

二月二十二日止計兩箇月零二十八日大關各口共征銀一十八萬三百五十三兩一錢九分六釐，𢍰接管任内自二月二十三日起至七月二十五日止計五箇月零三日大關各口共征銀三十一萬八千九十九兩八錢七分六釐，統計一年期内共征銀一百四十四萬一千九百二十四兩五錢九分六釐。業經𢍰於上年關期報滿時將征收總數恭摺

奏明在案。查庚寅年分共征銀一百四十四萬一

六四一　粤海關監督延隆奏折　報解關稅盈餘銀兩（道光九年二月二十六日）

千九百二十四兩五錢九分六釐内正項盈餘銀七十九萬一千八十六兩三錢六分二釐除循例支出正項銀四萬兩銅斤水脚銀三千五百六十四兩移交藩庫取有實收送部查核尚存正羡銀七十四萬七千五百二十二兩三錢六分二釐又雜羡盈餘銀六十五萬八百三十八兩二錢三分四釐除支銷通關經費養廉工食及鎔銷折耗等銀四萬三千三百二十六兩九錢二分四釐又支出解交造辦處裁存備貢

六四一　粤海關監督延隆奏折　報解關稅盈餘銀兩（道光九年二月二十六日）

銀五萬五千兩又支出動支報解水脚銀四萬五千二百六十二兩二錢七分三釐部飯食銀三萬五千五百三十九兩七錢二分七釐尚存雜羨銀四十七萬一千七百九兩三錢一分共存解部正雜盈餘銀一百二十一萬九千二百三十一兩六錢七分二釐又應解動支水脚銀四萬五千二百六十二兩二錢七分三釐部飯食銀三萬五千五百三十九兩七錢二分七釐又應解造辦處裁存備貢銀五萬五千兩又另

六四一　粤海關監督延隆奏折　報解關稅盈餘銀兩（道光九年二月二十六日）

欵洋商備繳辦貢銀五萬五千兩又另解平餘
等銀六千二百七十六兩一錢四分八釐查此
項平餘等銀係遵照户部
奏准於奏銷盈餘摺内按數剔除入於本案報銷
不歸併盈餘項下合併聲明除循例恭疏
題報並按欵備具文批於道光九年二月二十四
日起委員分批解赴户部造辦處交納外謹將
庚寅年分關稅銀兩收支存解數目繕摺具
奏伏乞

六四一 粵海關監督延隆奏折 報解關稅盈餘銀兩
（道光九年二月二十六日）

皇上聖鑒謹

奏

該部院知道

道光九年二月　二十六　日

六四二 兩廣總督李鴻賓奏折

遵旨曉諭越南國差官仍恪守舊章由陸地貿易毋庸由海道前來(道光九年七月初九日)

再前因越南國差官阮文章等護送廣東遭風生監吳衍龍等回省順帶貨物來粤售賣并請由海道通市貿易等情經臣等恭摺具奏旋准軍機大臣字寄欽奉上諭此次越南國王因内地生監遭風漂收到境卹給衣糧盤費護送回粤實屬恭順可嘉所有帶來各貨及將來出口貨物均著加恩免其納税至該國王請由海道來粤通市一節自當照例駁回但須妥為曉示著李鴻賓等傳諭該國王現據爾國

六四二　兩廣總督李鴻賓奏折

遵旨曉諭越南國差官仍恪守舊章由陸地貿易毋庸由海道前來（道光九年七月初九日）

王請由海道來粤通市業經奏聞大皇帝以爾國王久列藩封素為恭順爾國地界毗連兩廣向與内地商民有陸路交易處所貨物流通足資利用非他國遠隔重洋必須航海載運者可比外夷諸國如有於各海口越界求通貿易例禁綦嚴今若允爾國王所請誠恐各外夷船隻偶有攙越混入以致滋生事端於爾國王諸多未便轉非所以示體恤是以仍令爾國王恪守舊章於廣東欽州及廣西水口等關各陸路往來貿易毋庸由海道前

六四二 兩廣總督李鴻賓奏折 遵旨曉諭越南國差官仍恪守舊章由陸地貿易毋庸由海道前來（道光九年七月初九日）

來此係大皇帝格外恩施曲加優眷爾國王具善
體此意敬謹遵循為要該督等接奉此旨即行遵
照妥為辦理等因欽此仰見我
皇上撫馭外藩
恩禮備至於示以限制之中仍寓撫綏之道臣等敬
謹跪誦欽服難名隨於六月二十八日督同司
道傳到該差官阮文章等將
恩准免稅緣由當堂宣示該差官等感戴
皇仁叩頭虔謝歡欣鼓舞其所請由海道來粵通市

六四二　兩廣總督李鴻賓奏折

遵旨曉諭越南國差官仍恪守舊章由陸地貿易毋庸由海道前來（道光九年七月初九日）

一節臣等即照會越南國王敬謹遵循仍恪守舊章於廣東欽州及廣西水口等關各陸路往來貿易毋庸由海道前來並將照會公文緘封面給該差官阮文章齎回臣等仍按該差官及兵丁水手等各名次分别賞給土儀食物等件示以優禮兹據藩司阿勒清阿詳報該差官於本年六月二十九日開行回國除另行恭疏題報外所有遵旨辦理緣由謹附片具

六四二　兩廣總督李鴻賓奏折

遵旨曉諭越南國差官仍恪守舊章由陸地貿易毋庸由海道前來(道光九年七月初九日)

奏伏乞

聖鑒謹

奏

知道了

六四三　兩廣總督李鴻賓奏折　洋商拖欠税餉并積欠夷賬審明定擬（道光九年八月十四日）

兩廣總督臣李鴻賓
廣東巡撫臣盧坤跪
奏為洋商拖欠税餉並積欠夷帳審明定擬仰祈
聖鑒事竊廣東福隆洋行商人關成發因經理行務
不善拖欠税餉未完經臣李鴻賓會同前任監
督延隆將該商關成發飭發南海縣押追並查
抄家產備抵嗣據查出該商尚有積欠夷帳銀
兩又經一併行縣照例究辦去後茲據審明議
擬由府司解勘前來臣等親提研鞫緣關成發
籍隸順德縣嘉慶十四年以關懷書名字由監

六四三　兩廣總督李鴻賓奏折

洋商拖欠税餉并積欠夷賬審明定擬（道光九年八月十四日）

生捐納布政司理問職銜因屢次捐輸議叙給予通判鹽提舉各銜先於嘉慶十六年間有福隆行商鄧兆祥虧餉逃匿飭拏未獲行務空懸經已故洋商盧觀恒等以關成發在行多年夷情熟悉稟請接充福隆行商遂與各國夷人交易九遇夷船載貨到粵將貨物議定價值起存行内投税發賣該商經理不善遞年虧折積至道光八年共欠餉銀三十四萬五千三百一十一兩零又陸續積欠嘆咭唎等國各夷人貨價

銀一百零九萬九千三百二十一圓零經先後
查出飭縣究辦除查抄家産估變銀兩備抵餉
項外尚欠餉項銀二十六萬二千六百餘兩及
夷帳銀一百零九萬九千三百餘圓據洋商伍
受昌等情願在於行用銀内先行墊完餉項其
餘夷欠請自道光八年爲始分限六年代爲攤
還具有代還認狀各夷人見欠項有着均皆樂
從臣等再三覆訊無異詰據關成發供稱實因
連年生意不順以致拖欠並非有心負累案無

遁飾查例載交結外國互相買賣誆騙財物者發邊遠充軍等語又歷辦洋商顏時瑛等拖欠餉項夷帳各案均照交結外國誆騙財物例從重改發伊犁當差今關成發積欠餉項及夷帳至一百萬餘兩無力完繳自應查照歷辦例案問擬應請將關成發革去職銜照交結外國互相買賣誆騙財物發邊遠充軍例發邊遠充軍仍從重改發伊犁充當苦差事犯到官在道光八年十一月初九日欽奉

六四三　兩廣總督李鴻賓奏折

洋商拖欠税餉并積欠夷賬審明定擬(道光九年八月十四日)

恩詒以前核與部議援減條款不符應不准其援減

查封房屋等物已飭各洋商公同估變完餉不

敷餉項飭令現商先行完繳以清年款所欠夷

帳銀兩仍令現商分限攤還福隆行業草除毋

許援免除追出關咸發原捐各照咨部查銷並

錄供咨部外謹合詞恭摺具

奏伏乞

皇上聖鑒勅部核覆施行再粤海關印務現係臣李

六四三　兩廣總督李鴻賓奏折

洋商拖欠税餉并積欠夷賬審明定擬(道光九年八月十四日)

鴻賓代理毋庸會銜合併陳明謹

奏

另有旨

道光九年八月　十四　日

六四四　署理粵海關監督李鴻賓奏折

報告征收關稅總數

(道光九年九月初二日)

兩廣總督兼署粵海關監督臣李鴻賓跪

奏為恭報關稅一年期滿征收總數仰祈

聖鑒事竊照粵海關征收正雜銀兩向例一年期滿

先將總數

奏明俟查核支銷確數另行恭疏具

題並分款造冊委員解部歷年遵照辦理在案查

粵海關原定正額銀四萬兩銅斤水脚銀三千

五百六十四兩又嘉慶四年五月户部劄行奉

上諭向來各關征稅於正額之外將盈餘一項比較上

六四四　署理粤海關監督李鴻賓奏折
報告征收關税總數
(道光九年九月初二日)

三屆征收最多年分如有不敷即着經征之員賠補以致司榷各員藉端苛斂而賠繳之項仍未能如數完交徒屬有名無實因思各關情形不同所有盈餘數目自應酌中定制以歸核實而示體恤已於户部所奏各關盈餘銀數清单内經朕查照往年加多之數分别核減自此次定額之後倘各關每年盈餘於新定之數再有短少即行着落賠補如於定數或有多餘亦即儘收儘解其三年比較之例着永行停止

欽此並奉

六四四　署理粵海關監督李鴻賓奏折
報告征收關税總數
(道光九年九月初二日)

欽定粵海關盈餘銀八十五萬五千五百兩欽遵亦在
案兹查粵海關遞年連閏趱前應征辛卯年分
關税自道光八年七月二十六日起至九年七
月二十五日關期報滿止一年期内前任監督
延隆經征十一個月零十二日臣暫理期内接
征十八日兩任合征統計十二個月大關各口
共征銀一百四十九萬九千五百八十两七錢
四分三厘除征足正額税銀四萬兩銅斤水脚
銀三千五百六十四兩並征足

六四四　署理粤海關監督李鴻賓奏折

報告征收關税總數
(道光九年九月初二日)

欽定盈餘銀八十五萬五千五百兩外計多收銀六十
萬五百一十六兩七錢四分三厘除將到關船
隻及貨物粗細分别造册送部核對外所有關
税一年期滿征收總數理合恭摺具
奏伏乞
皇上聖鑒謹
奏
户部知道
道光九年九月　初二　日

六四五　粤海關監督中祥奏折

接收關税銀數盤核清楚
（道光九年十二月十三日）

粤海關監督奴才中祥跪

奏爲恭報接收交代關税銀數盤核清楚仰祈

聖鑒事竊奴才蒙

恩調補粤海關監督業將到任接印日期恭疏

題報並繕摺叩謝

天恩在案茲查督臣李鴻賓移交關庫存貯各欵銀

兩内庚寅年分關税自道光七年七月二十六

日起至八年七月二十五日止一年期内征齊

存庫解京銀兩業經前監督延隆將收支存解

六四五　粵海關監督中祥奏折

接收關税銀數盤核清楚（道光九年十二月十三日）

數目
奏明並具疏
題報於本年二月二十四等日委員分批起解除
前監督延隆督臣李鴻賓兩任内起解外尚存
庫未經起解雜羨等銀三十九萬七千七百八
十七兩八錢二分又辛卯年分前監督延隆管
理任内自道光八年七月二十六日起至九年
七月初七日止計十一個月零十二日大關各
口共徵銀一百三十九萬三千三十三兩八錢
四分九厘督臣李鴻賓兼署任内自七月初八

日起至二十五日止計十八日大關各口續共
征銀一十萬六千五百四十六兩八錢九分四
厘二共征銀一百四十九萬九千五百八十兩
七錢四分三厘内除支銷通關經費及各口已
征未解銀九萬五千九百三十三兩七錢七分
四厘洋商未完進口夷税銀七十八萬四千四
百七十五兩二錢八分六厘實存庫銀六十一
萬九千一百七十一兩六錢八分三厘另存平
餘罰料截曠銀二千四十七兩五錢二分又壬

六四五　粵海關監督中祥奏折

接收關税銀數盤核清楚
(道光九年十二月十三日)

辰年分督臣李鴻賓兼署任内自道光九年七月二十六日起至十一月十七日止計三個月零二十二日大關各口共征銀四十萬九千二百三十五兩四錢八分九厘内除支銷通關經費及各口已征未解銀六千九百三十五兩五錢五分九厘洋商未完進口夷税銀三十一萬一千七百七兩五錢五分六厘實存庫銀九萬五百九十二兩三錢七分四厘另存平餘罰料等銀一千四十兩五分四厘外俱按册查明逐

六四五　粤海關監督中祥奏折

接收關税銀數盤核清楚
（道光九年十二月十三日）

封彈兑接收清楚其洋商未完進口夷税銀兩
並准交有洋商認狀存據係前監督李質穎
奏明統於滿關後六個月内征齊起解經部議准
應仍遵照舊定章程辦理奴才接篆後即將庚寅
年分未經起解銀兩飭催委員接續起解所有
接收關税銀數盤核清楚緣由除循例恭疏
題報外理合繕摺具
奏伏乞
皇上聖鑒謹

六四五　粤海關監督中祥奏折

接收關税銀數盤核清楚
(道光九年十二月十三日)

知道了

奏

道光九年十二月　十三　日

六四六　粵海關監督中祥奏折　報解關税盈餘銀兩數目（道光十年四月十九日）

粵海關監督奴才中祥跪

奏爲恭報起解關税盈餘銀兩數目仰祈
聖鑒事竊照粵海關每年起解正雜銀兩例應分款
具摺
奏報兹查關期遞年連閏趲前應徵辛卯年分關
税前監督延隆管理任内自道光八年七月二
十六日起至九年七月初七日止計十一個月
零十二日大關各口共徵銀一百四十四萬四
千九百一十五兩四錢五厘督臣李鴻賓兼署

六四六　粤海關監督中祥奏折

報解關税盈餘銀兩數目
(道光十年四月十九日)

任内自七月初八日起至二十五日止計十八日大關各口共徵銀五萬四千六百六十五兩三錢三分八厘統計一年期内共徵銀一百四十九萬九千五百八十兩七錢四分三厘於上年關期報滿時經督臣李鴻賓兼署關務任内將徵收總數恭摺

奏明在案兹當委員起解應將收支實數分晰造

報查辛卯年分共徵銀一百四十九萬九千五百八十兩七錢四分三厘内正項盈餘銀八十

八萬五千七十兩七錢九分四厘除循例支出正項銀四萬兩銅斤水脚銀三千五百六十四兩移交藩庫取有實收送部查核尚存正羨銀八十四萬一千五百六兩七錢九分四厘又雜羨盈餘銀六十一萬四千五百九兩九錢四分九厘除支銷通關經費養廉工食及鎔銷折耗等銀四萬二千六百五十八兩九錢八分又支出解交造辦處裁存備貢銀五萬五千兩又支出動支報解水脚銀四萬七千二百五十三兩

六四六　粤海關監督中祥奏折　報解關税盈餘銀兩數目（道光十年四月十九日）

三錢八分一厘部飯食銀三萬七千一百三十一兩九錢三分一厘尚存雜羡銀四十三萬二千四百六十五兩六錢五分七厘共存觧部正雜盈餘銀一百二十七萬三千九百七十二兩四錢五分一厘又應觧動支水脚銀四萬七千二百五十三兩三錢八分一厘部飯食銀三萬七千一百三十一兩九錢三分一厘又應觧造辦處裁存備貢銀五萬五千兩又另欵洋商備繳辦貢銀五萬五千兩又另觧平餘等銀六千

六四六　粵海關監督中祥奏折

報解關税盈餘銀兩數目

(道光十年四月十九日)

四百三十八兩九錢六分查此項平餘等銀係

遵照户部

奏准於奏銷盈餘摺内按數剔除入於本案報銷

不歸併盈餘項下合併聲明除循例恭疏

題報並按款備具文批於道光十年四月十五日

起委員分批陸續解赴户部造辦處分别交納

外謹將辛卯年分關税銀兩收支存解數目繕

摺具

奏再查粵海關税銀例於滿關後六個月内徵齊

六四六　粤海關監督中祥奏折

報解關税盈餘銀兩數目
(道光十年四月十九日)

起解兹辛夘年關税扣至本年正月二十五日
六個月徵限届滿應即
奏報起觧惟各洋商因貨物滯銷延欠甚多經奴
竭力催徵始得分批起觧是以於例限稍逾合
並陳明伏乞
皇上聖鑒謹
奏
該部院知道
道光十年四月　十九　日

六四七　兩廣總督李鴻賓奏折

籌議粵海關進口税銀征收事宜(道光十年七月初七日)

兩廣總督臣李鴻賓
粵海關監督臣中祥跪

奏為籌議粵海關進口税銀應請自癸巳年分為
始隨時按船完納年清年款以杜洋商挪掩之
弊觧部銀兩得以提早五月並請將壬辰年分
未完進口税銀分限帶徵以紓商力仰祈
聖鑒事竊照粵海關徵收洋税進口出口兩項近年
以來每年約收銀一百四五六十萬兩不等出
口税銀十止三四進口税銀十居六七歷來出
口税銀當即按卯完交從無延欠惟進口税銀

六四七　兩廣總督李鴻賓奏折
籌議粤海關進口税銀征收事宜（道光十年七月初七日）

向例俟一年關期報滿後閏三個月開徵再閏
三個月
奏報徵齊起觧以符部限其實起觧之時各行商
尾欠甚多因滿關後六個月内續有夷船進口
無力洋商往往挪移新貨餉銀完納滿關以前
舊餉自嘉慶年間至今無不遞年挪掩竭蹶完
公迨道光四年以後各洋行内有麗泉西成同
泰福隆等行節次倒閉共欠税餉銀六十八萬
餘兩夷賬銀一百四十五萬餘兩皆係現開各

六四七　兩廣總督李鴻賓奏折　籌議粤海關進口税銀征收事宜(道光十年七月初七日)

行商分攤賠繳商力日絀完項日增雖有新餉之餘腳不敷上年之交款以致揭欠夷賬愈積愈多夷商乘機挾制高擡貨價行商委曲遷就幾至無利可圖若不早籌變通恐年復一年將有積重難返之勢查户部則例内載進口貨税督令受貨洋行商人於夷船回帆時輸納等語應請嗣後自癸巳年分始進口貨物於夷船清艙之日責令保商通事先行報明某貨已經某行買受某貨夷人尚未賣出已賣之貨由行商

六四七　兩廣總督李鴻賓奏折　籌議粵海關進口税銀征收事宜(道光十年七月初七日)

完納未賣之貨由夷商交餉保商代納夷商以貨换貨不許借給行商銀兩行商照例交易毋許多欠夷商貨價凡有一船回帆即將一船進口餉銀完清方准請牌出口遇有洋船因守候新茶出口遲滯者其應納進口貨餉以驗貨後三個月爲限責成保商完納不得緩至請牌之時俾免延悮庶進口之税源源徵收每年關期報滿後三個月即可全數收清庶乏商之欠舊挪新夷商之乘機射利均可從此杜絶查道光

六四七　兩廣總督李鴻賓奏折

籌議粤海關進口税銀征收事宜（道光十年七月初七日）

九年七月二十六日起連閏扣至十年六月二十五日一年期滿係壬辰年分税餉共應徵進口銀八十八萬六千六百八十七兩零尚未徵存在庫而六月二十六日以後即係癸巳年分新季税銀必須趁此劃清方不至新陳牽混臣等現諭飭洋商自六月二十六日起夷船進口貨物即遵照隨時按船納餉於三個月内交完惟以前應徵壬辰年分進口餉銀若仍照舊於三個月後起卯開徵則新餉舊餉同時並納商

力必有不逮茲據洋商伍受昌等稟請癸巳年
進口新餉情愿趕於驗貨三月後完繳其壬辰
進口餉銀懇請酌展限期分年帶繳前來臣等
查行商貿易每年出入貨物雖間有增減所得
銀兩祇有此數不甚相懸今既將癸巳年餉税
提早徵收則壬辰年餉項自難同時並納合無
仰懇
皇上天恩俯准將道光十年壬辰年分進口税銀八
十八萬六千六百八十七兩零自道光十一年

六四七　兩廣總督李鴻賓奏折　籌議粤海關進口税銀征收事宜(道光十年七月初七日)

起分限五年帶徵全完以紓商力仍責成總商伍受昌盧文錦二人隨時督催毋任再有蒂欠如蒙

俞允則癸巳年分關税即可於十一年六月二十五日滿關後三個月徵齊起解以例應十一年十二月二十五日繳完十二年春間起解之銀得於十一年十月底即行報解計可提早五月以後逐年照辦自皆年清年欵其壬辰年分出口税銀仍照舊於十一年春間批解赴部惟壬辰

六四七　兩廣總督李鴻賓奏折 籌議粤海關進口税銀征收事宜（道光十年七月初七日）

進口餉銀既分作五年帶徵祇可於十一年内先觧五分之一其餘俟十二十三十四十五等年按年帶徵於每年滿關後附各年税餉一併觧部如此辦理嗣後每年關税起觧之期既可提早五月現在壬辰年分進口餉銀分限交納商力亦不至拮据而夷船貨税隨到隨徵不似從前限期延緩致疲商挪掩滋弊衆商均累攤賠似於

國課商情均有裨益臣中祥與臣李鴻賓屢經面

六四七　兩廣總督李鴻賓奏折

籌議粵海關進口税銀征收事宜(道光十年七月初七日)

商意見相同謹會同撫臣盧坤合詞恭摺具

奏伏乞

皇上聖鑒訓示謹

奏

戶部議奏

道光十年七月　初七　日

六四八　粵海關監督中祥奏折

報告征收關税總數

（道光十年七月二十六日）

粵海關監督奴才中祥跪

奏為恭報關税一年期滿徵收總數仰祈

聖鑒事竊照粵海關徵收正雜銀兩向例一年期滿

先將總

數

奏明俟查核支銷確數另行恭疏具

題並分款造册委員觧部歷年遵照辦理在案查

粵海關原定正額銀四萬兩銅觔水脚銀三千

五百六十四兩又嘉慶四年五月户部劄行奉

上諭向来各關徵税於正額之外將盈餘一項比較上

六四八　粤海關監督中祥奏折
報告征收關税總數
（道光十年七月二十六日）

三屆徵收最多年分如有不敷即着經徵之員賠補以致司榷各員藉端苛斂而賠繳之項仍未能如數完交徒屬有名無實因思各關情形不同所有盈餘數目自應酌中定制以歸核實而示體恤已於户部所奏各關盈餘銀數清单內經朕查照往年加多之數分別核減自此次定額之後倘各關每年盈餘於新定之數再有短少即行着落賠補如於定數或有多餘亦即儘收儘解其三年比較之例着永行停止欽此並奉

六四八　粤海關監督中祥奏折

報告征收關税總數

(道光十年七月二十六日)

欽定粤海關盈餘銀八十五萬五千五百兩欽遵亦在

案茲查粤海關遞年連閏趲前應徵壬辰年分

關税自道光九年七月二十六日起連閏至十

年六月二十五日關期報滿止一年期内兩廣

督臣李鴻賓兼署任内經徵三個月零二十二

日奴才任内接徵八個月零八日兩任合徵統計

十二個月大關各口共徵銀一百六十六萬三

千六百三十四兩九錢七分八釐除徵足正額

税銀四萬兩銅觔水脚銀三千五百六十四兩

六四八　粵海關監督中祥奏折　報告征收關税總數（道光十年七月二十六日）

並徵足

欽定盈餘銀八十五萬五千五百兩外計多收銀七十六萬四千五百七十兩九錢七分八釐除將到關船隻及貨物粗細分別造冊送部核對外所有關税一年期滿徵收總數理合恭摺具

奏伏乞

皇上聖鑒謹

奏

户部知道

道光十年七月　二十六　日

六四九　廣州將軍慶保奏折

英國大班盼師攜婦到廣州十三行夷館居住强令押往澳門（道光十年九月十二日）

廣東巡撫臣盧坤
廣州將軍臣慶保
兩廣總督臣李鴻賓
粵海關監督臣中祥
跪

奏爲奏

聞事查各國夷人航海來粵交易貨物每年春夏皆
寓居澳門至秋冬間因出進貨物均在省城洋
行交兑即移住省中夷館其隨帶番婦向只准
居住夷船乾隆十六年始准寄住澳門仍不許
攜帶進省迨乾隆三十四年有唤咭唎國夷商
啡咥私帶番婦來省居住經將該番婦押往澳
門出示嚴禁現尚有案可查三十四年以後傳

六四九　廣州將軍慶保奏折

英國大班盼師携婦到廣州十三行夷館居住强令押往澳門(道光十年九月十二日)

聞間有私携番婦來省或潜住數日無人知覺旋即回澳此則無案可稽本年春間訪有番婦到省潜住之事正在諭飭洋商驅逐即已回澳現在暎咭唎國大班嘞啷復携帶番婦來至省城到公司夷館居住又該夷商由船登岸坐轎進館經臣李鴻賓諭飭洋商即將番婦驅令回澳並嗣後夷商進館不許乘坐肩輿隨據該大班等赴臣等四衙門各遞禀函懇求番婦住館准令乘轎禀内文義本不明晰詞語亦多不遜

均經臣等嚴行駁斥諭以仍遵舊制毋得稍違
該大班等因聞外間訛言有派兵圍逐夷商番
婦之説心懷疑畏通信黄埔灣泊各夷船令水
手百餘人乘夜將砲位數座及鳥鎗等件收藏
小船艙内偷運省城夷館隨經營汛訪知禀報
臣等即一面密飭水陸各營將弁不動聲色嚴
加防範並切諭府縣暨委員等分派妥役留心
稽查彈壓毋許内地漢奸勾串教唆播弄滋事
免致商民驚疑一面飭令洋商通事等嚴詰該

六四九 廣州將軍慶保奏折

英國大班盼師攜婦到廣州十三行夷館居住强令押往澳門(道光十年九月十二日)

夷何以私運砲座等物至館其意何居據稱實
因聞得即日派兵將夷人番婦一併攆逐一時
惶懼情急將船上隨帶防身鎗砲夜間運來實
不知砲位係不准攜帶之物等語臣等伏查該
夷等乘坐三板小船上省下澳向准其攜帶鳥
鎗二三桿以防盜賊固屬不禁若船上砲位歷
來不准移至省館又經嚴飭該夷速將砲位鳥
鎗刻即運回本船水手人等速歸黃埔閲日該
夷等將鳥鎗搬去水手散回惟砲位尚藏放夷

六四九　廣州將軍慶保奏折

英國大班盼師携婦到廣州十三行夷館居住强令押往澳門(道光十年九月十二日)

館門内並泥洋商代求稍寛時日再令番婦回
澳臣等以該夷嘶咖始則私帶番婦住館繼復
潛運船中砲械預防圍逐均屬撞違舊制狂悖
妄爲現仍嚴飭即日速將番婦押往澳門存留
砲位悉運回各船防守如果遵辦無違臣等仰
體
聖主懷柔之意仍准其如常貿易倘敢延抗即遵照
上年
諭旨嚴行驅逐絶其貿易大加懲辦斷不敢稍從遷

六四九　廣州將軍慶保奏折

英國大班盼師携婦到廣州十三行夷館居住强令押往澳門(道光十年九月十二日)

就致長殯夷刁風臣等伏思夷人此次違禁之

咎尚不至遽加以兵但該夷素本不馴性情叵

測倘須示以兵威臣慶保即當酌派八旂水陸

官兵會同臣李鴻賓所派官兵妥協辦理再行

由驛具

奏事因交涉外夷有關

國體不敢不據實陳明謹會同右翼副都統臣興

住合詞密

奏伏乞

六四九　廣州將軍慶保奏折

英國大班盼師携婦到廣州十三行夷館居住强令押往澳門(道光十年九月十二日)

皇上聖鑒謹

奏

另有旨

道光十年九月　十二　日

六五〇 廣州將軍慶保奉上諭 英國大班擅違舊制著嚴切曉諭酌籌妥辦（道光十年十月二十四日）

軍機大臣 字寄

廣州将軍慶 協辦大學士兩廣總督李 廣東廵撫朱 傳諭粤海關監督中祥 道光十年十月二十四日奉

上諭據慶保等奏查有唤咭唎國大班哪嘶攜帶番婦來至省城到公司夷館居住又誒夷商由船登岸坐轎進館並因訛言有派兵圍逐之説心懷疑畏通信黄埔灣泊各夷船令水手百餘人乘夜將礮位數座及鳥槍等件收藏艙内偷運省城夷館

六五〇　廣州將軍慶保奉上諭

英國大班擅違舊制著嚴切曉諭酌籌妥辦(道光十年十月二十四日)

經慶保等密飭文武員弁留心防範彈壓該夷等

業將鳥槍撤去水手散回其礮位尚藏放夷館門

内並况洋商代求稍寬時日再令番婦回澳現在

嚴飭速將番婦押往澳門礮位運回各船妥為辦

理等語向例番婦不准来省居住夷商不准坐轎

進館其携帶鳥槍礮位止係外洋備防賊盜尤不

得私運進城令該夷等擅違舊制慶保等務當嚴

切曉諭令其遵守舊章嗣後不得稍有違犯致干

禁令倘仍敢延抗即當設法驅逐示以創懲亦不

可稍存遷就摠須酌籌妥辦於懷柔外夷之中仍
不失天朝體制方為至善將此諭知慶保李鴻賓
朱桂楨並傳諭中祥知之欽此遵
旨寄信前來

六五〇　廣州將軍慶保奉上諭英國大班擅違舊制著嚴切曉諭酌籌妥辦（道光十年十月二十四日）

六五一　兩廣總督李鴻賓奏折

嚴飭地方官及洋商將番婦押往澳門并省會一切安寧(道光十年十月二十九日)

再前因暎咭唎國大班喲啲攜帶番婦住省誤聽訛言潛運砲械預防圍逐業經臣會同廣州將軍臣慶保撫臣盧坤粤海關監督臣中祥密

摺陳

奏在案一面諄飭洋商等嚴切傳諭該夷速將砲位運還本船番婦押送回澳旋據南海縣及洋商伍受昌等禀報該夷初不知砲位運省有干禁令現聞嚴諭已知凜畏遵將大銅砲二座小銅砲三座俱搬回黄埔各船惟番婦尚藏匿夷

六五一　兩廣總督李鴻賓奏折　嚴飭地方官及洋商將番婦押往澳門并省會一切安寧（道光十年十月二十九日）

館據洋商等稟稱該嘛唎云伊因素患痰疾屢發未愈現需番婦調護懇俟稍愈遣令回澳不敢逗留等情臣仍嚴飭地方官及洋商人等諭令即將番婦押往澳門斷不許藉詞延緩如再狡展仍即飭令不准開艙絕其貿易以儆刁頑自該夷運砲來館之日以至於今省會各商夷交易如常民情極為安貼毫無驚擾謹會同廣州將軍臣慶保粤海關監督臣中祥附片陳明

伏乞

六五一　兩廣總督李鴻賓奏折

嚴飭地方官及洋商將番婦押往澳門并省會一切安寧(道光十年十月二十九日)

聖鑒臣謹

奏

知道了

六五二　廣州將軍慶保奏折

曉諭英國住廣州十三行夷館新任大班及各國商人恪守清朝禁令（道光十年十一月十七日）

臣朱桂楨
臣慶保
臣李鴻賓
臣中祥
跪

奏再前會

奏唉咭唎國大班盼師攜帶番婦至省城夷館居

住又該夷商由船登岸坐轎進館因誤聽訛言

有帶兵圍逐之說心懷疑畏將船中礮位鳥鎗

偷運省城夷館一事於本年十一月十四日接

准軍機大臣字寄欽奉

上諭向例番婦不准來省居住夷商不准坐轎進館

其攜帶鳥鎗礮位止係外洋備防賊盜尤不得私

六五二　廣州將軍慶保奏折

曉諭英國住廣州十三行夷館新任大班及各國商人恪守清朝禁令(道光十年十一月十七日)

運進城令該夷等擅違舊制慶保等務當嚴切曉
諭令其遵守舊章嗣後不得稍有違犯致干禁令
倘仍敢延抗即當設法驅逐示以創懲亦不可稍
從遷就總須酌籌妥辦於懷柔外夷之中仍不失
天朝體制方為至善等因欽此查前次具
奏後該夷吩咐頗知悔懼越日即將大小銅礮逐
一運回各船其番婦亦回澳門經臣李鴻賓會
同臣慶保臣中祥節次附片
奏明在案臣等細加訪察該國夷人固皆頑蠢而

六五二 廣州將軍慶保奏折 曉諭英國住廣州十三行夷館新任大班及各國商人恪守清朝禁令(道光十年十一月十七日)

大班嘞㖊尤甚每有違拗之處多係嘞㖊妄逞意見現在該國已另選大二三班來粵更換即將嘞㖊撤去臣等查詢其故據洋商回稱開上年嘞㖊屢次遞稟妄希更改貿易舊章强令各船延不進口夷貨多遭霉爛該國已知嘞㖊等自累情形是以將其撤回等語臣等伏查夷人貪利狡黠不獨嘞㖊為然雖嘞㖊現已撤去難保後來更替各夷不復妄生計較惟有隨時稽察嚴切曉諭嗣後務令噗咭唎國大班及各國

六五二 廣州將軍慶保奏折

曉諭英國住廣州十三行夷館新任大班及各國商人恪守清朝禁令(道光十年十一月十七日)

夷人一體恪遵

天朝禁令共安交易之常倘敢再有抗違即當遵

旨設法驅逐嚴行創懲斷不敢稍從遷就以肅體制

而儆蠻頑理合會同附片覆

奏伏乞

聖鑒謹

奏

知道了

六五三　兩廣總督李鴻賓奏折

英國大班盼師已將番婦帶離十三行夷館回澳門（道光十年十一月二十二日）

再咦咭唎國大班盼師攜帶番婦潛住省城夷館並將存船砲械運至館中以為防護當經嚴切諭飭該夷已將砲械載運回船惟番婦尚藏匿夷館業經兩次
奏明尚未奉到
批諭茲據洋商稟報該夷於本月十六日已遣令番婦開船回澳等情臣查該夷以檮昧無知致違禁令今既自知悔懼遵將番婦遣回澳門自應
仰體

六五三　兩廣總督李鴻賓奏折

英國大班盼師已將番婦帶離十三行夷館回澳門（道光十年十一月二十二日）

聖主懷柔遠人之意姑免深究如此後再敢違犯必
當嚴加懲辦以戢蠻頑謹會同廣州將軍臣慶
保粤海關監督臣中祥附片具
奏伏乞
聖鑒謹
奏

知道了

六五四　粤海關監督中祥奏折

奉撥内務府辦公銀兩全行解足
（道光十一年正月初十日）

粤海關監督奴才中祥跪

奏爲奉撥内務府辦公銀三十萬兩全行撥解足

數恭摺奏祈

聖鑒事竊奴才於上年八月二十二日承准户部劄行

道光十年七月十九日奉

旨禧恩等奏請酌撥銀兩一摺内務府辦公銀兩向

由兩淮等處將應交之項解交時給發茲據查明

開单具奏近年兩淮欠繳正項及各項利銀共銀

一百九十二萬七千一百餘兩以致用項不敷着

六五四　粤海關監督中祥奏折

奉撥内務府辦公銀兩全行解足

(道光十一年正月初十日)

户部將粤海關監督應觧户部關税盈餘銀兩酌撥銀三十萬兩每年即由粤海關監督委員觧交廣儲司銀庫以濟公用等因欽遵劄行到關並將粤海關起觧在途之庚寅年分第十六十七十八三批觧部盈餘平餘等銀共銀一十四萬八千五百七兩八錢二分截觧内務府廣儲司庫交納其不敷銀兩着於道光八年至九年分存觧税銀内另批徑觧内務府投交足成三十萬兩之數等因劄知遵照前來查粤海關庚寅年

分税銀早已起觧完竣既經部臣截撥過三批銀兩應即在於辛卯年分税銀找觧惟查辛卯年分關税銀兩業經陸續委員觧京至第十二批止當經飛咨督撫臣將第十三十四十五三批觧員順德縣典史江雲等先後飭催過關䝨即於觧部盈餘銀内找觧銀一十五萬一千四百九十二兩一錢八分另文分批觧赴内務府按納足成三十萬兩之數其辛卯年分尚有應觧部欵仍自第十六批起分批委員觧部嗣後

六五四　粤海關監督中祥奏折

奉撥内務府辦公銀兩全行解足

(道光十一年正月初十日)

遵照奏准原案每年酌撥關稅盈餘銀三十萬兩觧交内務府廣儲司銀庫以濟公用除於逓年奏銷錢糧時照例題報外所有奉行截撥内務府關稅銀兩及找解完竣各緣由理合恭摺具奏伏乞皇上聖鑒謹奏

硃批：該衙門知道

道光十一年正月　　初十　　日

六五五　粤海關監督中祥奏折

報解關税盈餘銀兩數目

(道光十一年二月十八日)

粤海關監督奴才中祥跪

奏爲恭報起觧關税盈餘銀兩數目仰祈

聖鑒事竊照粤海關每年起觧正雜銀兩例應分欵

具摺

奏報兹查關期遞年連閏趲前應徵壬辰年分關

税兩廣督臣李鴻賓兼署任内自道光九年七

月二十六日起至十一月十七日止計三個月

零二十二日大關各口共徵銀四十二萬八千

四十七兩六錢三分奴才接管任内自十一月十

六五五　粤海關監督中祥奏折

報解關稅盈餘銀兩數目
（道光十一年二月十八日）

八日起連閏至十年六月二十五日止計八個月零八日大關各口共徵銀一百二十三萬五千五百八十七兩三錢四分八釐統計一年期内共徵銀一百六十六萬三千六百三十四兩九錢七分八釐業於上年關期報滿時將徵收總數恭摺

奏明在案茲當委員起觧應將收支實數分晰造報查壬辰年分共徵銀一百六十六萬三千六百三十四兩九錢七分八釐内正羨盈餘銀九

十九萬八千五百二十八兩五錢四分八釐除
上年改定新章税餉按船清納
奏蒙
恩准分限帶徵洋商應完進口税銀八十八萬六千
六百八十七兩三錢八分二釐又循例支出正
項銀四萬兩銅觔水脚銀三千五百六十四兩
移交藩庫取有實收送部查核尚存正羨銀六
萬八千二百七十七兩一錢六分六釐又雜羨
盈餘銀六十六萬五千一百六兩四錢三分内

除欽奉
諭旨每年撥解内務府廣儲司公用銀三十萬兩又
照例支出通關經費養廉工食及鎔銷折耗等
銀四萬二千一百八十二兩八錢九分六釐又
支出解交造辦處裁存脩貢銀五萬五千兩又
支出動支報解水脚銀三萬二千八百三十五
兩七錢九分二釐部飯食銀二萬五千六百一
兩一錢五分四釐尚存雜羨銀二十萬九千四
百八十六兩五錢八分八釐共存解部正雜盈

餘銀二十七萬七千七百六十三兩七錢五分
四釐其壬辰年分洋商展限銀兩應帶徵十一
年初限進口税銀二十九萬五千五百六十二
兩四錢六分一釐又另款嗶哐噸船在洋遭風
駁運水硍来省徵輸税鈔等銀四千四百五十
二兩九錢七分五釐與照例動支水脚銀三萬
二千八百三十五兩七錢九分二釐部飯食銀
二萬五千六百一兩一錢五分四釐均應解部
歸款又動支撥解廣儲司公用銀三十萬兩動

六五五　粤海關監督中祥奏折

報解關税盈餘銀兩數目

(道光十一年二月十八日)

支造辦處裁存傜貢銀五萬五千兩又另款洋商傜繳辦貢銀五萬五千兩均應解内務府歸款以上壬辰年分共實解户部銀六十三萬六千二百一十六兩一錢三分六釐實解内務府銀四十一萬兩又另解平餘等銀五千一十九兩二錢四分查此項平餘等銀係遵照户部奏准於奏銷盈餘摺内按數剔除入於本案報銷不歸併盈餘項下合併聲明除循例恭疏題報並按款傜具文批於道光十一年二月十八

六五五 粵海關監督中祥奏折 報解關稅盈餘銀兩數目(道光十一年二月十八日)

日起委員分批陸續解赴户部造辦處廣儲司
分别交納外謹將壬辰年分關稅銀兩收支存
解數目繕摺具
奏再查粵海關稅銀例於滿關後六個月内徵齊
起解兹壬辰年分稅餉扣至上年十二月二十
五日六個月徵限届滿即應
奏報起解惟懇請展限帶徵銀兩上年十二月十
五日甫經奉准部覆當即核明銀數咨請遴委
解員本年二月十三日始據委員到關領解是

六五五　粵海關監督中祥奏折
報解關稅盈餘銀兩數目
(道光十一年二月十八日)

以於例限稍適合並陳明伏乞
皇上聖鑒謹
奏
該衙門知道
道光十一年二月　十八　日

六五六　粤海關監督中祥奏折

報告征收關税總數(道光十一年七月二十六日)

粤海關監督奴才中祥跪

奏爲恭報關税一年期滿徵收總數仰祈

聖鑒事竊照粤海關徵收正雜銀兩向例一年期滿

先將總數

奏明俟查核支銷確數另行恭疏具

題並分款造册委員解部歷年遵照辦理在案查

粤海關原定正額銀四萬兩銅觔水脚銀三千

五百六十四兩又嘉慶四年五月奉户部劄行

欽定粤海關盈餘銀八十五萬五千五百兩欽遵亦在

六五六　粵海關監督中祥奏折　報告征收關税總數(道光十一年七月二十六日)

案兹查粵海關遞年連閏趲前應徵癸巳年分關税自道光十年六月二十六日起至十一年六月二十五日止一年期内大關各口共徵銀一百四十六萬一千八百六兩一錢六分三釐除徵足正額銀四萬兩銅觔水脚銀三千五百六十四兩並徵足欽定盈餘銀八十五萬五千五百兩外計多收銀五十六萬二千七百四十二兩一錢六分三釐伏查粵海關税以進口爲大宗向來進口貨餉於滿

六五六　粤海關監督中祥奏折　報告征收關税總數(道光十一年七月二十六日)

關後六個月徵齊起解洋商新舊挪掩往往徵
解不前上年經會同督臣李鴻賓
奏定新章按船徵納年清年款計癸巳一年税餉
除各口徵銀十三萬五千餘兩分别解交藩庫
户部其進出口洋税一百三十二萬五千餘兩
各行商按船輸納已全數徵存在庫俟支銷存
剩各款冊報齊全按照新定章程扣至九月二
十五日期滿即可分批解部比較從前舊例計
早三月合並陳明除將到關船隻及貨物粗細

分别造册送部核對外所有關稅一年期滿徵
收總數理合恭摺具
奏伏乞
皇上聖鑒謹
奏
户部知道
道光十一年七月　二十六　日

六五七　粵海關監督中祥奏折　報解關税盈餘銀兩數目
（道光十一年十月二十八日）

粵海關監督奴才中祥跪

奏為恭報起解關税盈餘銀兩數目仰祈

聖鑒事竊照粵海關每年徵收正雜銀兩向於滿關

後六個月

奏報起解上年癸會同督臣李鴻賓奏請徵收關

税自癸巳年為始按船完納年清年款於滿關

後三個月徵齊報解經户部覆准在案兹查關

期遞年連閏趲前應徵癸巳年分關税自道光

十年六月二十六日起至十一年六月二十五

六五七 粤海關監督中祥奏折 報解關税盈餘銀兩數目（道光十一年十月二十八日）

日止一年期内大關各口共徵銀一百四十六萬一千八百六兩一錢六分三釐業於本年六月關期報滿時將徵收總數

奏蒙

聖鑒現當三月期滿咨請委員起觧應將收支實數分欵造報查癸巳年分共徵銀一百四十六萬一千八百六兩一錢六分三釐内正羨盈餘銀八十六萬五千三百三十兩七錢九釐除循例支出正項銀四萬兩銅觔水脚銀三千五百六

十四兩移交藩庫取有實收送部查核尚存正
羨銀八十二萬一千七百六十六兩七錢九釐
又雜羨盈餘銀五十九萬六千四百七十五兩
四錢五分四釐内除欽奉
諭旨每年撥解内務府廣儲司公用銀三十萬兩又
照例支出通關經費養廉工食及鎔銷折耗等
銀四萬四千一百七十一兩七分三釐又支出
解交造辦處裁存倫貢銀五萬五千兩又動支
報解水脚銀五萬六千三十三兩二錢七分九

六五七 粤海關監督中祥奏折
報解關税盈餘銀兩數目
(道光十一年十月二十八日)

釐部飯食銀四萬四千一百五十四兩六錢九釐尚存雜羡銀九萬七千一百一十六兩四錢九分三釐共存解部正雜盈餘銀九十一萬八千八百八十三兩二錢二釐又另解壬辰年分洋商展限銀兩應帶徵十二年二限進口税銀二十九萬五千五百六十二兩四錢六分一釐又另款嗄吟船在洋遭風沉溺撈獲濕水胡椒等貨税銀五百八十五兩二錢五分九釐與照例動支水脚銀五萬六千三十三兩二錢七分

九釐部飯食銀四萬四千一百五十四兩六錢
九釐均應觧部歸款又動支撥觧廣儲司公用
銀三十萬兩動支造辦處裁存儌貢銀五萬五
千兩又另欵洋商儌繳辦貢銀五萬五千兩均
應觧内務府歸欵以上癸巳年分共實觧户部
銀一百三十一萬五千二百一十八兩八錢一
分實觧内務府銀四十一萬兩又另觧平餘等
銀七千五百四十一兩七錢九分五釐查此項
平餘等銀係遵照户部

六五七 粤海關監督中祥奏折

報解關税盈餘銀兩數目

(道光十一年十月二十八日)

奏准於奏銷盈餘摺内按數剔除入於本案報銷
不歸併盈餘項下合併聲明除循例恭疏
題報並按款備具文批於道光十一年十月二十
五日起委員分批陸續解赴户部造辦處廣儲
司分别交納外謹將癸巳年分關税銀兩收支
存解數目繕摺具
奏伏乞
皇上聖鑒謹
奏

六五七　粤海關監督中祥奏折
報解關税盈餘銀兩數目
(道光十一年十月二十八日)

該部院知道

道光十一年十月　二十八　日

六五八　兩廣總督李鴻賓奉上諭著查明英船駛至内地貿易并曉諭夷人祇准在廣東貿易(道光十二年七月初二日)

軍機大臣　字寄
協辦大學士兩廣總督李　廣東巡撫朱　廣
東水師提督李　傳諭粵海關監督中祥
道光十二年七月初二日奉
上諭本年暎咭唎國夷船駛至福建江蘇浙江等省
已經各該省督撫嚴飭沿海將弁驅逐出境本日
又據訥爾經額奏六月十八日有暎咭唎夷船復
駛至山東洋面並刊刻通商事畧說二紙大意以
粵省買賣不公希冀另圖貿易爲言該夷人情殊

六五八　兩廣總督李鴻賓奉上諭著查明英船駛至內地貿易并曉諭夷人祇准在廣東貿易（道光十二年七月初二日）

可惡已經訥爾經額嚴飭將弁在彼彈壓不許居
民私相交易一俟南風稍息即督押南駛驅逐出東
境因思該國夷人向例止准在廣東貿易立法綦
嚴乃該夷明知故違且以廣東買賣不公為詞是
否廣東洋商貿易不能公平抑或夷商另有他故
藉端狡詐著李鴻賓等體察情形據實具奏至該
夷船駛入內地必先由廣東洋面經過如果水師
員弁實力巡堵何至令其北駛至一經闌入內洋
則洋面遼闊阻截較難即多派兵船驅逐截回或

六五八 兩廣總督李鴻賓奉上諭

著查明英船駛至內地貿易并曉諭夷人祇準在廣東貿易(道光十二年七月初二日)

致別生事端實屬不成政體著李鴻賓等妥籌防堵章程並曉諭該夷人以天朝定制該國夷船只准在廣東貿易不准任意駛入內洋就地銷售貨俾該夷恪遵定例是為正辦並飭李增階督率水師將弁兵丁認真巡邏隨時稽查倘有北駛夷船力行截回如再有闌入沿海內洋惟該督等是問其能當此重咎耶將此諭知李鴻賓朱桂楨李增階並傳諭中祥知之欽此遵

旨寄信前來

六五九 粤海關監督中祥奏折

報告征收關税總數(道光十二年七月二十八日)

粤海關監督奴才中祥跪

奏爲恭報關税一年期滿徵收總數仰祈

聖鑒事竊照粤海關徵收正雜銀兩向例一年期滿

先將總數

奏明俟查核支銷確數另行恭疏具

題並分款造冊委員觧部歷年遵照辦理在案查

粤海關原定正額銀四萬兩銅觔水脚銀三千

五百六十四兩又嘉慶四年五月奉户部劄行

欽定粤海關盈餘銀八十五萬五千五百兩欽遵亦在

六五九　粵海關監督中祥奏折

報告征收關税總數(道光十二年七月二十八日)

案兹查粵海關遞年連閏趲前應徵甲午年分關税自道光十一年六月二十六日起至十二年六月二十五日止一年期内大關各口共徵銀一百五十三萬二千九百三十三兩二錢四分九釐除徵足正額銀四萬兩銅觔水脚銀三千五百六十四兩並徵足

欽定盈餘銀八十五萬五千五百兩外計多收銀六十三萬三千八百六十九兩二錢四分九釐伏查粵海關税以進口為大宗向來進口貨餉於滿

六五九　粵海關監督中祥奏折　報告征收關稅總數(道光十二年七月二十八日)

關後六個月徵齊起解洋商新舊挪掩往往徵
解不前道光十年經會同督臣李鴻賓
奏定新章按船徵納自癸巳年分為始年清年款
今計甲午一年稅餉除各口徵銀十三萬四千
餘兩分別解交藩庫戶部其進出口洋稅一百
三十九萬八千餘兩各行商按船輸納已全數
徵存在庫俟支銷存剩各款冊報齊全按照新
定章程扣至九月二十五日期滿即可分批解
部比較從前舊例計早三月合並陳明除將到

六五九　粵海關監督中祥奏折

報告征收關税總數(道光十二年七月二十八日)

關船隻及貨物粗細分別造冊送部核對外所有關税一年期滿徵收總數理合恭摺具

奏伏乞

皇上聖鑒謹

奏

戶部知道

道光十二年七月　　二十八　　日

六六〇　粤海關監督中祥奏折

報解關税盈餘銀兩數目（道光十二年閏九月二十四日）

粤海關監督奴才中祥跪

奏為恭報起解關税盈餘銀兩數目仰祈

聖鑒事竊照粤海關每年徵收正雜銀兩向於滿關

後六個月

奏報起解道光十年經會同督臣李鴻賓奏請徵

收關税自癸巳年為始按船完納年清年款於

滿關後三個月徵齊報解經户部覆准在案兹

查關期遞年連閏趲前應徵甲午年年分關税自

道光十一年六月二十六日起至十二年六月

六六〇　粤海關監督中祥奏折

報解關税盈餘銀兩數目
(道光十二年閏九月二十四日)

二十五日止一年期内大關各口共徵銀一百五十三萬二千九百三十三兩二錢四分九釐業於本年六月關期報滿時將徵收總數恭摺
奏明在案現當三月期滿咨請委員起解應將收支實數分款造報查甲午年分共徵銀一百五十三萬二千九百三十三兩二錢四分九釐内正羨盈餘銀九十萬二千一百八十五兩三錢七分六釐除循例支出正項銀四萬兩銅觔水脚銀三千五百六十四兩移交藩庫取有實收

六六〇　粵海關監督中祥奏折　報解關税盈餘銀兩數目（道光十二年閏九月二十四日）

送部查核又於道光十二年八月二十七日承
准戶部劄撥粵省連州軍需銀二十五萬兩當
經照數解赴藩庫應用業將動撥銀兩緣由
奏明在案尚存正羨銀六十萬八千六百二十一
兩三錢七分六釐又雜羨盈餘銀六十三萬七
百四十七兩八錢七分三釐內除欽奉
諭旨每年撥解内務府廣儲司公用銀三十萬兩又
照例支出通關經費養廉工食及鎔銷折耗等
銀四萬四千六百五十七兩三錢四分三釐又

六六〇　粤海關監督中祥奏折　報解關税盈餘銀兩數目（道光十二年閏九月二十四日）

支出解交造辦處裁存備貢銀五萬五千兩又動支報解水脚銀五萬八千六百二十五兩四錢五分二釐部飯食銀四萬六千一百兩二錢一分三釐尚存雜羨銀一十二萬六千三百六十四兩八錢六分五釐共存解部正雜盈餘銀七十三萬四千九百八十六兩二錢四分一釐又另解壬辰年分洋商展限銀兩應帶徵十三年三限進口税銀二十九萬五千五百六十二兩四錢六分一釐與照例動支水脚銀五萬八

千六百二十五兩四錢五分二釐部飯食銀四萬六千一百兩二錢一分三釐均應解部歸款又動支撥解廣儲司公用銀三十萬兩動支造辦處裁存備貢銀五萬五千兩又另款洋商備繳辦貢銀五萬五千兩均應解内務府歸款以上共實解戶部銀一百一十三萬五千二百七十四兩三錢六分七釐實解内務府銀四十一萬兩又另解平餘等銀九十一百一十三兩八錢一分五釐查此項平餘等銀係遵照戶部

六六〇 粤海關監督中祥奏折

報解關税盈餘銀兩數目

(道光十二年閏九月二十四日)

奏准於奏銷盈餘摺内按數剔除入於本案報銷
不歸併盈餘項下再查粤海關解部税銀每千
兩向有加平銀十五兩随餉另裒成鞘解交令
撥解本省連州軍需銀二十五萬兩毋庸加平
計溢出加平銀三千七百五十兩一併另欵解
赴户部以清年欵合併聲明除循例恭疏
題報並按欵備具文批於道光十二年閏九月二
十四日起委員分批陸續解赴户部造辦處廣
儲司分别交納外謹將甲午年分關税銀兩收

支存解數目繕摺具
奏伏乞
皇上聖鑒謹
奏
該部院知道
道光十二年閏九月　二十四　日

六六〇　粵海關監督中祥奏折
報解關稅盈餘銀兩數目
(道光十二年閏九月二十四日)

六六一　兩廣總督盧坤奏折

遵旨籌堵違禁夷船（道光十二年十二月十三日）

兩廣總督臣盧坤跪
粵海關監督臣中祥

奏為欽奉
諭旨恭摺覆
奏仰祈
聖鑒事竊臣盧坤前抵連州准前署督臣禧恩移交
接管卷内查得前督臣李鴻賓接准撫臣朱桂
楨咨會承准軍機大臣字寄道光十二年七月
初二日奉
上諭據訥爾經額奏六月十八日有暎咭唎夷船復

六六一　兩廣總督盧坤奏折　遵旨籌堵違禁夷船(道光十二年十二月十三日)

駛至山東洋面並刊刻通商事畧說二紙大意以
粤省買賣不公希冀另圖貿易為言該夷人情殊
可惡已經訥爾經額嚴飭將弁在彼彈壓不許居
民私相交易一俟南風稍息即督押南駛驅出東
境因思該國夷人向例止准在廣東貿易立法綦
嚴乃該夷明知故違且以廣東買賣不公為詞是
否廣東洋商貿易不能公平抑或夷商另有他故
藉端狡詐著李鴻賓等體察情形據實具奏至該
夷船駛入内地必先由廣東洋面經過如果水師

六六一　兩廣總督盧坤奏折　遵旨籌堵違禁夷船(道光十二年十二月十三日)

員弁實力巡堵何至令其北駛至一經闌入內洋則洋面遼闊阻截較難即多派兵船驅逐截回或致別生事端實屬不成政體著李鴻賓等妥籌防堵章程並曉諭該夷人以天朝定制該國夷船止准在廣東貿易不准任意駛入內洋就地銷貨俾該夷恪遵定例是為正辦並飭李增階督率水師將弁兵丁認真巡邏隨時稽查倘有北駛夷船力行截回如再有闌入沿海內洋惟該督等是問其能當此重咎耶欽此當經李鴻賓暨撫臣朱桂楨

六六一　兩廣總督盧坤奏折　遵旨籌堵違禁夷船(道光十二年十二月十三日)

咨會臣中祥並水師提臣李增階一體欽遵查
辦臣中祥復諭飭該洋行總商遵照
諭旨查明洋船到粵與各商貿易有無買賣不公據
實稟覆並令傳諭夷人恪遵定例去後旋據該
洋商伍受昌盧文錦等稟稱遵即敬謹傳諭唤
咭唎大班轉諭該國夷人凜遵
天朝定制止准在廣東貿易不准駛入别省洋面就
地銷貨徒勞往返致干咎戾近年以來洋商與
夷商買賣一切出口入口貨價及核算行用等

六六一　兩廣總督盧坤奏折

遵旨籌堵違禁夷船(道光十二年十二月十三日)

項悉照舊章辦理歷久相安凡有交易悉出彼此情願不能勉强成交如各洋商中偶有買賣不公該夷商儘可不與成交另投别行交易且可隨時稟官查究何至竄往江浙山東洋面始以粵省買賣不公爲詞顯係藉端狡飾希圖就地銷貨等情即經移知李鴻賓維時該督在連洛行水師提督飭查夷船出入粵洋駛往閩浙應如何防範堵截不令他往檄令藩臬兩司會議章程具詳未到未及覆

六六一　兩廣總督盧坤奏折

遵旨籌堵違禁夷船(道光十二年十二月十三日)

奏卸事臣調任到連謹悉欽奉前因遵即咨行飭
催查覆嗣抵省城面詢臣中祥查自道光十年
奏准酌減夷船規費該夷商等感激
皇上柔遠深恩無不遵照關稅則例踴躍輸納每歲
㖷咭唎到粵夷船二十餘隻本年截至十一月
二十七日止㖷咭唎已來船二十二隻較上兩
年到船不相上下該大班開艙起貨輸稅如常
情形極為綏順其咪唎㗼港脚各國夷商來粵
通貿者亦均無異詞該洋商等所稱與夷商交

六六一 兩廣總督盧坤奏折

遵旨籌堵違禁夷船(道光十二年十二月十三日)

易並無不公之處尚屬可信其駛至閩浙江南
又北駛山東嘲嗄咪甲利等船已飭粵省洋商
查明節年到粵夷船内並無前項名目詢據該
大班部樓頓等禀稱亦不知有此船名且稱該
大班在粵遠離本國數萬里其由該國海外何
路駛往江浙山東亦無從知悉是否該夷船因
江浙山東等省洋貨價值比粵加昂圖獲重利
遂爾假捏船名違例四竄希圖就地銷貨實難
懸揣惟暎咭唎夷船例不許駛往浙東等省收

泊無論其如何牟利販私總應立定章程嚴加
防範毋令任意遠颺方得控制之法兹催准提
臣李增階查明咨覆並據藩臬兩司具詳前來
臣等伏查由粵至閩交界洋面每月選將帶兵
分段巡邏互相會哨原有舊定章程南澳總兵
分轄兩省洋面仍不時親自出洋巡察亦經定
有成式如係暎咭唎國夷船由粵省外洋向閩
洋行駛則瞭望可見無難立時阻截惟閩洋亦
與夷洋相通若該夷船假托國名徑由夷洋直

六六一　兩廣總督盧坤奏折

遵旨籌堵違禁夷船（道光十二年十二月十三日）

達閩洋則粵省舟師又屬耳目所不及並查各國夷船入粵必經由萬山由萬山而越駛他省則沿海皆有礮臺師船其洋面各有鎮協水師標營分轄均可瞭望追踪防範惟萬山為粵省極南洋面萬山之外即汪洋無際四通八達倘夷船由萬山外海東風他駛則無從防截即如南澳地方雖係閩粵交衝而洋面遼闊南則浩淼無際外聯黑水夷洋無所紀極噗咭唎國越在外海數萬里若由其本國東風而趨東北瞬

六六一　兩廣總督盧坤奏折

遵旨籌堵違禁夷船（道光十二年十二月十三日）

息千里即可徑達江浙而至山東非必駛由粵東經行南澳方可前往閩浙但我朝定制向來暎咭唎國夷船只准在廣東貿易立法綦嚴嗣後惟有責成水師提鎮嚴督舟師官兵在於近省之外洋至萬山一帶及粵閩交界洋面實力巡查一遇夷船東駛立令舟師揚帆追趕嚴行堵截並飛速知會上下營汛及沿海州縣親督壯役駕船一體阻攔務令折回歸入粵洋收口倘再有駛入閩浙江蘇山東之夷船經

六六一　兩廣總督盧坤奏折

遵旨籌堵違禁夷船(道光十二年十二月十三日)

沿海文武查見阻住即確切詢明該夷船由本
國而來首先經由何省洋面如實係由粤洋竄
入閩洋即咨由臣等奏明請
旨將疎玩之提鎮將備員弁據實嚴条分别從重議
處倘備弁兵丁等有受賄私放情弊即行条革
治罪其夷船由閩省外洋冒稱西洋各國船名
徑行駛入閩洋及竄至浙江等省應由浙省查
詢來歷咨明閩省查辦如此嚴定章程分别責
成堵截庶沿海水師官兵愈知儆畏加意巡防

六六一 兩廣總督盧坤奏折

遵旨籌堵違禁夷船(道光十二年十二月十三日)

夷船駛入粵閩洋面無可寄椗且不與交貿無
利可圖自不敢故智復萌仍前四越臣盧坤臣
中祥面商撫臣朱桂楨意見相同臣等惟有隨
時督飭實力巡防留心訪察如水師官兵巡防
稍有未周洋行各商貿易稍有不公在關經胥
於減定規費之數稍有溢取察出即行分別
奏条革究以示懲儆務期商夷相安仰副
聖主通商懷遠至意所有遵
旨籌堵違禁夷船緣由謹會同水師提臣李增階合

六六一　兩廣總督盧坤奏折

遵旨籌堵違禁夷船(道光十二年十二月十三日)

詞恭摺具

奏伏乞

皇上聖鑒訓示再巡撫印務係臣盧坤兼署毋庸會

銜合併陳明謹

奏

另有旨

道光十二年十二月　十三　日

六六二　廣州將軍哈豐阿奏折

英人不遵法度兵船闖入内河撥兵防堵(道光十四年八月十二日)

滿洲副都統耆倫忠
廣州將軍哈豐阿跪
漢軍副都統耆左廷桐

奏爲暎咭唎夷人不遵法度兵船擅敢闖入内河
會商撥兵防堵情形恭摺由驛具
奏仰祈
聖鑒事道光十四年八月初一日准兩廣督臣盧坤
咨開暎咭唎夷人律嘮啤自稱夷目來粤查理
貿易事宜不領紅照擅自來省並不向商人告
知率行呈遞書函督臣盧坤因外夷私通書信

六六二　廣州將軍哈豐阿奏折　英人不遵法度兵船闖入内河撥兵防堵(道光十四年八月十二日)

有違定制且律勞啤是商是官亦無從查悉未便接閱書函當飭廣州協副將諭知不准投遞並飭洋商詳細傳諭詢據該商等以律勞啤不遵傳諭欲與内地文武衙門文移往來不守
天朝法度禀請停其買賣等語復經督臣盧坤札委廣州府知府廣州協副將隨帶通事前往夷館面加查詢旋據禀稱該夷目不肯令通事傳話又經督臣盧坤以省會重地豈容夷目居住辦事妄自尊大歷次曉諭若罔聞知如此謬妄自

六六二　廣州將軍哈豐阿奏折

英人不遵法度兵船闖入内河撥兵防堵(道光十四年八月十二日)

應照例封艙停其買賣諭飭洋商伍敦元等將
夷館買辦及雇用人等一槩撤出併出示曉諭
該夷三板船隻准出口不准復行進省等因咨
會前來。奴才哈豐阿等伏思夷人來粤貿易事屬
督臣與粤海關監督臣經理，奴才等不應干預。但
該夷目不遵法度，恐有滋擾情事，且不知該夷
因何事而來，當即札飭舉門委員與林大關委
員章世型詳細查明作速禀報去後，隨據兩委
員禀稱八月初五日有夷人巡船二隻乘風闖

六六二　廣州將軍哈豐阿奏折　英人不遵法度兵船闖入内河撥兵防堵（道光十四年八月十二日）

入内河該處礮臺放礮攻擊攔截該夷船膽敢
抗拒拖放連環大礮回擊等語𡚁等聞報之下
不勝駭異隨飭旗營協領等不動聲色妥爲備
兵聽候調用旋於八月初九日復准督臣盧坤
咨會暎咭唎夷人兵船不遵法度擅闖入口需
兵防範又與𡚁而商旗營水師兵船亦須撥派
防堵等因查該夷目前此傲慢無知既經督臣
盧坤傳諭封艙停其貿易自應悔悟恭順俯首
認罪庶可量爲寛容竟敢回礮攻擊實屬藐玩

六六二　廣州將軍哈豐阿奏折

英人不遵法度兵船闖入內河撥兵防堵(道光十四年八月十二日)

膽大已極。奴才等會晤面商，茲奴才左廷桐統帶左司協領海明、楊承震二員，水師旗營佐領二員，驍騎校四員，兵三百五十名，於八月初十日配駕大小師船六隻，前往獵德隘口，會同綠營將弁實力防堵。奴才等仍密派旗營官兵妥爲預備，如實需兵力，奴才哈豐阿一面繕摺馳

奏，立即管帶前往。所有奴才等現在撥兵防堵情形，謹恭摺由驛四百里具

奏，伏祈

六六二　廣州將軍哈豐阿奏折　英人不遵法度兵船闖入内河撥兵防堵(道光十四年八月十二日)

皇上聖鑒訓示謹

奏

另有旨

道光十四年八月　十二　日

六六三　兩廣總督盧坤奏折
英夷律嘮啤在廣州十三行夷館歷次違例曉諭封艙原委(道光十四年八月十三日)

兩廣總督臣盧坤
廣東巡撫臣祁𡊮跪

奏爲唤咭唎兵船闖駛入口停泊內河現在水陸
防堵一面檄調各鎮舟師驅逐恭摺由驛馳
奏并將防禦疎玩之水師參將請
旨先行革職并請將疎防之水師提督同營一併交
部嚴加議處以肅海防仰祈
聖鑒事竊唤咭唎夷目律嘮啤不遵法度臣等商議
照例封艙因該夷有兵船二隻寄泊外洋迭次
咨會水師提督遴派大員帶領師船在於虎門

六六三　兩廣總督盧坤奏折　英夷律嘮啤在廣州十三行夷館歷次違例曉諭封艙原委（道光十四年八月十三日）

一帶防範并飭弁兵在各礮臺整備礮火晝夜
瞭探毋任夷船進口業將辦理情形附片奏
聞在案嗣於八月初六日戌刻據水師叅將高宜勇
稟報唤咭唎兵船二隻於初五日乘潮水漲發
順潮闖進海口經各礮臺弁兵開礮轟擊該夷
船放礮回拒隨拒隨行越過虎門鎮遠沙角横
檔各礮臺駛入内河蛇頭灣停泊臣盧坤查虎
門横檔等處礮臺最為扼要已被夷船闖越蛇
頭灣以下只有大虎山礮臺恐難得力即連夜

六六三　兩廣總督盧坤奏折

英夷律嘮啤在廣州十三行夷館歷次違例曉諭封艙原委(道光十四年八月十三日)

派委遊擊佘清帶領師船趕往協同堵禦旋據東莞縣禀報該夷船於初七日未刻佘清未到之先乘南風大作順潮駛風闖過大虎礮臺該將弁督兵用大礮轟擊夷船放礮抵拒拚命闖入於初九日駛至離省六十里之黃浦河面停泊等情查黃浦地方向為各國夷商貨船灣泊之所其護貨兵船不准駛入今唤咭唎兵船輒敢闖入内河并於各礮臺轟擊時放礮回拒不法已極黃浦以内雖屬淺水惟探得該夷船將

六六三　兩廣總督盧坤奏折

英夷律勞啤在廣州十三行夷館歷次違例曉諭封艙原委(道光十四年八月十三日)

船内重物搬起船身喫水不重夷目啤嘮啤居住省城外夷館恐兵船駛入省河或將夷兵分駕小船進省自應先遏其前進之路查離省二十餘里之獵德礮臺附近有中流沙河面可以堵截先經飭令員弁籌辦誠恐不能妥速適陸路提臣曾勝因公在省臣盧坤商經提臣親往相度形勢督率調度用大船十二隻每隻用大石塊十萬斤横沈水内用粗大鉛纜繫椗復用木排在水面阻塞堵其入省水路并調集提標

六六三　兩廣總督盧坤奏折

英夷律嘮啤在廣州十三行夷館歷次違例曉諭封艙原委(道光十四年八月十三日)

大師船二隻軍標大小師船六隻及新會順德各營縣内河巡船二十餘隻配足弁兵整備軍械在該處河面巡防并派運司李振翥總理前路防守事宜崖州知州諸鎮隨同料理支應并調撥督標兵丁三百名撫標兵丁三百名提標兵丁七百名府縣壯丁三百名均聽提臣調用整備鎗礮在兩岸陸路防備水陸聲勢極爲聯絡并查有大黄滘支河亦係黄浦進省之路該處設有礮臺先經派委參將盧必沅帶領巡船

六六三　兩廣總督盧坤奏折　英夷律勞卑在廣州十三行夷館歷次違例曉諭封艙原委(道光十四年八月十三日)

二十餘隻在彼攔堵該處至省遠道較遠而河面寬濶現用大木排堵塞河面又於對河建設木閘添委都司洪發科率領督標精鋭兵丁五百名督標水師兵一百名運帶撞礮及劈山威遠大礮以一百五十名防守礮臺三百五十名在木閘之内紮營策應似此分路層層防堵不特該夷兵船無從闖駛即三板小船亦不能駛入省河其省河東西及海珠等處礮臺亦經臣祁𡊮整備所有省城内外飭令城守營遴派兵

六六三　兩廣總督盧坤奏折　英夷律嘮啤在廣州十三行夷館歷次違例曉諭封艙原委（道光十四年八月十三日）

并巡防彈壓勿使爛匪乘機搶劫生事閭閻甚
為安静該夷船至黄浦以後即攏近該國商船
之中灣泊不敢往内行駛亦無夷兵登岸其番
梢共三百數十名人數無多一經登陸毫無能
為惟踞守船内恃大礮為護符又用三板船四
圍保護晝夜防備其不敢妄思跳梁已可概見
第儆備不可不嚴且近省内河亦斷不容外夷
兵船久泊臣現在預備大柴船二十餘隻草船
百餘隻并檄調碣石鎮師船八隻陽江廣海師

船四隻并添調督提二標陸營鋭卒一俟外海
師船駛到數隻即當與提臣曾勝密籌督率弁
兵水陸並進嚴行驅逐如其施放礮火即仿照
古人懸簾之法將棉絮被褥浸濕用木棍懸釘
船外以柔克剛該夷人亦無所施其伎倆斷不
任其日久停留臣祁𡎴現在入闈監臨一切隨
時札商辦理不敢稍有疎忽除俟驅逐後再行
馳
奏外謹將現辦情形先行奏

六六三　兩廣總督盧坤奏折

英夷律勞啤在廣州十三行夷館歷次違例曉諭封艙原委(道光十四年八月十三日)

聞伏乞
聖明訓示至此次暎咭唎兵船停泊外洋臣盧坤於
六月間即咨會水師提督并檄行提標將弁督
飭礮臺嚴密防範迨該國封艙以後又經咨行
防堵勿任夷船進口前後札檄頻仍并派香山
協副將秦裕昌前往各礮臺諄諄告誡復飭東
莞縣賞犒弁兵米石以示激勵乃叅將高宜勇
經提臣派往海口防堵輒任該夷兵船闖進內
河據稱因夷船乘潮駛風阻擋不及即係實情

六六三　兩廣總督盧坤奏折

英夷律勞啤在廣州十三行夷館歷次違例曉諭封艙原委（道光十四年八月十三日）

已屬疎玩更難保無掩飾情弊事關海防必應
從嚴懲究相應請
旨將水師提標中軍參將高宜勇先行革職枷號海
口示衆以爲將弁不用命者戒仍查明如有玩
縱掩飾再行嚴參治罪所有守臺怠玩各弁現
在派人接替先行枷號各礮臺示儆水師提督
臣李增階雖已因病咨明請假第尚未卸事且
其未經請假之先經臣節次咨會防範乃不遴
委妥員致夷船闖入實屬辦理不善臣盧坤總

六六三　兩廣總督盧坤奏折

英夷律勞啤在廣州十三行夷館歷次違例曉諭封艙原委(道光十四年八月十三日)

督水陸營伍踈防之咎亦無可辭請
旨將水師提督臣李增階同臣盧坤一併交部嚴加
議處現在海防緊要并請
旨將廣東水師提督臣李增階先行開缺迅賜
簡員補放以重海疆臣盧坤現派委守備賴恩爵赴
大虎守備江連元赴横檔守備倫世光赴鎮遠
各礮臺實力堵禦委署提篆之碣石鎮總兵譚
安現出洋巡巳飛催速赴署任接印親往海口
督率勿使夷船再有闖入所有唤咭唎兵船闖

六六三　兩廣總督盧坤奏折

英夷律勞啤在廣州十三行夷館歷次違例曉諭封艙原委(道光十四年八月十三日)

入内河緣由臣等謹會同陸路提督臣曾勝粤海關監督臣中祥合詞恭摺由驛馳

奏伏乞

皇上聖鑒再澳門地方緊要臣盧坤因恐澳夷西洋人為嘆夷所惑飭委副將秦裕昌會同文員曉諭布置兹據稟覆西洋夷人極為恭順感激情願自行防守斷不肯任嘆夷佔踞自失世守之業該員弁仍一體防範不致疎虞合併陳明謹

奏

六六三　兩廣總督盧坤奏折

英夷律勞啤在廣州十三行夷館歷次違例曉諭封艙原委（道光十四年八月十三日）

看來各礮臺俱係虛設
兩隻夷船不能擊退可笑
可恨武備廢弛一至於是
道光十四年八月十三日
無怪各夷輕視也另有旨

六六四　欽差禮部尚書升寅奏折

夷商請牌由内河下澳其兵船誤入虎門乞放出外洋(道光十四年八月十八日)

再臣等自抵廣州府境風聞㖞咭唎夷目律嘮呷有兵船二隻闖進海口各砲台弁兵開砲轟擊該夷船放砲回拒越過虎門駛入内河停泊經督臣盧坤等派員調兵督率驅逐等情及進省後詢問屬實現又聞得該夷散商加律治等求乞請牌由内河下澳其兵船因保護貨船誤入虎門令即日將兵船放出外洋不敢逗留乞飭放行該督現在批飭查詢令該夷商稟覆等因臣等既有所聞不敢不達之

六六四 欽差禮部尚書升寅奏折

夷商請牌由内河下澳其兵船誤入虎門乞放出外洋(道光十四年八月十八日)

天聽謹附片具

奏

旨已有

旨

飭查訪矣

六六五　廣州將軍哈豐阿奏折

英國兵船夷目均已押逐出口水陸兵弁撤歸營伍（道光十四年八月二十三日）

兩廣總督臣盧坤
廣州將軍臣哈豐阿
廣東巡撫臣祁𡎴　跪

奏為𠸄咭唎兵船夷目均已押逐出口水陸兵弁
撤歸營伍恭摺由驛馳
奏仰祈
聖鑒事竊𠸄咭唎夷目律嘮啤不請牌照擅進省河
妄投書信屢次曉諭頑梗不遵臣盧坤將該國
商船照例封艙該夷目又令兵船二隻闖入海
口進至內河黃埔地方臣盧坤酌調文武員弁
兵丁並咨調旗營提標師船及新會等縣內河

六六五　廣州將軍哈豐阿奏折

英國兵船夷目均已押逐出口水陸兵弁撤歸營伍(道光十四年八月二十三日)

巡船分布前路直達省城之獵德礮臺大黄滘河面及兩岸扼要處所由陸路提臣曾勝督率調度防堵將辦理情形恭摺奏

聞並將海口跴防之水師參將提督據實嚴參臣盧坤自請嚴議在案提臣曾勝調遣布置極為周密該夷兵船人等見前路水面木排横亘鎗礮如林大小師船排列數里陸路亦處處駐兵紮營聲勢聯絡軍威嚴整該夷兵船泊於黄埔貨船中間瞭見柴草船隻惟恐火攻伏處舟中一

六六五 廣州將軍哈豐阿奏折 英國兵船夷目均已押逐出口水陸兵弁撤歸營伍(道光十四年八月二十三日)

步不敢前行一人不敢上岸間有由澳門進省欲與夷目見面之人又被我兵截回該夷目於水路堵塞以後已屬膽怯即知會該國散商向洋商伍敦元等轉言該國散商兵船係為保護貿易夷船以明其並無他意迨我兵日集該夷目内外消息不通進出無路益形惶恐復孚知散商轉告洋商求給三板船一隻以便出省臣等以該夷目不領牌照擅自進省其兵船復駛入内河雖並無不法重情而故違例禁膽玩已

極若即准其出省來去自由何以示儆戒而昭
懾服復令洋商詰其因何不領牌照擅自進省
兵船闖口駛入内河意欲何為令其明白登答
方准出省否則定行剿辦斷不輕縱旋於八月
十六日據洋商伍敦元等轉據該國散商咖啡
哈等投稱啤嘮啤自認因初入内地不知例禁
是以未領牌照即行進省兵船實因護貨悮入
虎門今已自知錯悮乞求恩准下澳兵船即日
退出求准出口等情臣等復以該夷目雖知悔

六六五　廣州將軍哈豐阿奏折

英國兵船夷目均已押逐出口水陸兵弁撤歸營伍(道光十四年八月二十三日)

六六五　廣州將軍哈豐阿奏折

英國兵船夷目均已押逐出口水陸兵弁撤歸營伍(道光十四年八月二十三日)

罪第究因何事來粤原遞書函所寫何語節次
查詢始終未據言明不便任其朦朧至兵船闖
入海口稱係悮犯已屬支飾且於兵丁開礮轟
擊時輒敢放礮回拒致礮臺椽瓦震損何其如
此膽𠀤文經批飭詰究去後兹於十八日據該
夷商咖啡哈等向伍敦元等覆稱律嘮啤實係
來粤管理貿易事務因自以為官即稱監督前
遞書函内所寫因伊係夷官與大班不同欲與
天朝文武衙門文移往來禮貌相當並無别語至兵

六六五　廣州將軍哈豐阿奏折

英國兵船夷目均已押逐出口水陸兵弁撤歸營伍(道光十四年八月二十三日)

船進口實因商船封艙貨物久貯恐致疎虞是以進口保護因被海口兵丁開礮轟擊夷兵亦放礮自護以致損傷礮臺深知悔錯即當修復惟求恩准給牌下澳等情具稟前來臣等與司道等公同熟商嘩嘮啤屢次違執其意以為外夷官目與內地官吏並無尊卑欲思抗禮臣等因國體攸關不容遷就其兵船進口名為護貨自即存挾制之心此時水陸營伍星羅碁布火攻船

六六五 廣州將軍哈豐阿奏折 英國兵船夷目均已押逐出口水陸兵弁撤歸營伍(道光十四年八月二十三日)

隻亦已現成若乘其進退兩難之際四面夾攻
原不難立制其命第我
皇上懷遠以德撫馭外夷仁義兼盡玩則懲之服則
舍之從不為已甚之舉啤嘮啤雖有妄誕之想
尚無不法實跡未便遽加剿除且該國商梢數
千人俱以夷目不遵法度為非無一附和更未
便玉石不分今啤嘮啤既已認錯乞恩衆散商
節次籲求自應寬其一線逐令出口俾番夷震
懾之下仍感

六六五　廣州將軍哈豐阿奏折

英國兵船夷目均已押逐出口水陸兵弁撤歸營伍(道光十四年八月二十三日)

天朝仁慈寬大之恩臣等公同商酌意見相同隨經
批准放行並據該商等赴粤海關請領紅牌由
臣盧坤派委文武妥員於十九日將律勞啤押
逐出口仍飭恭候
諭旨遵行該夷兵船二隻亦於是日開行一路磨淺
二十二日押出虎門海口所有調防各處水陸
官兵概行撤回分别歸伍歸巡至澳門大嶼山
等處先經臣盧坤飭令署香山協副將秦裕昌
署大鵬營叅將鄧旋明分投巡防續又添調梧

州協都司王錦繡帶兵三百名前赴澳門協同
防守并調陽江鎮師船在附近澳門洋面實力
巡查現在該夷兵船出口尤宜嚴密防範除再
諄飭加意巡防並將怠玩水師將弁提審究擬
整頓各礮臺章程另行具
奏外謹將押逐夷目兵船出口緣由會同副都統
臣宗室倫忠臣左廷桐陸路提臣曾勝合詞恭
摺由驛馳
奏伏乞

六六五 廣州將軍哈豐阿奏折 英國兵船夷目均已押逐出口水陸兵弁撤歸營伍(道光十四年八月二十三日)

皇上聖鑒訓示謹
奏
始雖失于防範終能辦理妥善
不失國體而免釁端朕頗嘉悦
應降恩旨

道光十四年八月 二十三 日

六六六　兩廣總督盧坤奉上諭

英人律嘮啤來粵居住十三行夷館不遵舊章應否照例封艙著察看情形酌情辦理（道光十四年八月二十八日）

軍機大臣　字寄

兩廣總督盧　廣東巡撫祁　道光十四年八月二十八日奉

上諭盧坤等奏暎咭唎國夷情謬妄請旨辦理並現在籌備情形據稱該國夷人自公司散局各自貿易事無統攝本年六月內有該國夷目律嘮啤來粵稱係查理貿易事務攜帶眷屬寄住澳門兵船該夷目換船至省外夷館居住當即飭令該洋商查訊該夷目不肯接見旋即呈遞致盧坤書信一函係平行款式混寫大英國等字樣經盧坤等以

六六六　兩廣總督盧坤奉上諭

英人律嘮啤來粤居住十三行夷館不遵舊章應否照例封艙著察看情形酌情辦理(道光十四年八月二十八日)

體制攸關申明例禁俾該夷人遵守舊章反覆曉諭該夷目違抗不遵隨飭委員等面加查詢該夷目總不將辦理何事説明原委又不將兵船開行回國歷次違抗不法請照例封艙將該國買賣暫行停止量加懲抑如果夷目改悔遵守舊制即准其奏請開艙該夷人除礮火以外一無長技現在密派員弁在省城内外及澳門一帶分投布置鎮靜防範仍飭該府縣訪查漢奸嚴拏懲辦並查明該商等有無情弊嚴參究處其澳門附近洋面等處所有無密派弁兵豫為籌備俟察看夷情安靜

六六六　兩廣總督盧坤奉上諭

英人律嘮啤來粤居住十三行夷館不遵舊章應否照例封艙著察看情形酌情辦理（道光十四年八月二十八日）

即行撤回等語所辦尚妥所見亦是𠹭咭唎國夷人素性兇狡向與中華不通文移惟化外蠢愚未諳例禁自應先行開導令該商等傳諭飭遵茲該夷目既執拗頑梗不遵法度自當照例封艙稍示懲抑俾知畏懼如該夷目及早改悔照常恭順懇求貿易即准奏請開艙祇期以情理之真誠化犬羊之桀驁但能無傷大體即無庸過事苛求倘該夷人自恃船堅礮利陰蓄詭謀不聽約束犬羊之性急則反噬則驅逐出省不能不示以兵威其省城内外及澳門一帶大嶼山礮臺等處務須密派弁兵

六六六　兩廣總督盧坤奉上諭　英人律嘮啤來粤居住十三行夷館不遵舊章應否照例封艙著察看情形酌情辦理(道光十四年八月二十八日)

加意巡邏不動聲色鎮靜防範至外夷在内地通
市如能照常安静自當一視同仁曲加體䘏況天
朝嘉惠海隅並不以區區商税為重該國貿易百
數十年諸事均有舊章豈能以該夷目一人之執
謬絶商舶之往來總當通盤籌畫設法整頓自未
便任聽該夷目固執致各散商紛紛向隅務隨時
察看情形酌量辦理固不可於國體有妨稍事遷
就亦不准令邊夷啟衅稍涉張皇至該夷目膽敢
抗違有無内地漢奸暗中唆使必應嚴飭該府縣
密速訪拏從重懲辦其外夷貿易係洋商專責兹

六六六　兩廣總督盧坤奉上諭

英人律嘮啤來粵居住十三行夷館不遵舊章應否照例封艙著察看情形酌情辦理(道光十四年八月二十八日)

該夷目來粵該商等既不先行稟報節飭傳諭又無一能為殊屬玩忽著該督等查明有無情弊嚴參究辦其現在籌備防範各處該督等當約束弁兵密飭稽查防守以備不虞不准輕啟衅端致煩兵力俟察看夷情安靜即行撤回仍將辦理情形隨時據實具奏毋稍含混將此各諭令知之欽此遵

旨寄信前來

六六七 兩廣總督盧坤密奏折 籌辦澳門水陸防守各情形(道光十四年八月二十八日)

再唤咭唎夷人向来最為狡詭從前曾有佔踞
澳門及覬覦大嶼山之事該夷人數萬里遠涉
種種受制於中華斷無能為而其貪狡性成不
知審勢量力每思不逞此次嘩嘮啤不遵法度
臣等本擬示以兵威驅逐出省因思犬羊之性
急則反噬區區數十夷人安能抗拒惟夷館逼
處省外市廛稠密又值鄉試士子雲集廣東人
心浮動一用兵力未免驚擾士民且該夷目尚
無不法别情辦理亦不宜過當彼此熟商夷人

六六七　兩廣總督盧坤密奏折

籌辦澳門水陸防守各情形
（道光十四年八月二十八日）

所重在利該夷目屢次違抗衆商已懷怨懟不如仍使夷商驅之是以照例封艙并將事與散商無干祇須唪嘮啤遵守制度即准奏請開艙情由明白示諭該夷商等封艙守候逐日耗費甚重勢不能不羣嗾夷目使其及早改悔現又禁止該國入船不准進口使其内外消息不通唪嘮啤内則見逼於同類外則莫逞其陰謀自不能久居夷館仍責成洋商伍敦元等向各散商曉以利害該夷商等急於開艙必不致久延

六六七 兩廣總督盧坤密奏折 籌辦澳門水陸防守各情形（道光十四年八月二十八日）

時日如其悔悟恭順即准照常生理第該國不派大班而令夷目前來其意必有所在傳聞該國因公司局散欲向各夷船抽分税銀隨後尚有兵船來粤或係為挾制夷商起見亦未可定雖傳言不足深信即使該國再有兵船到來亦總不能為患而夷情叵測不可不預為籌備查澳門為粤東緊要門户在彼居住之西洋夷人貧弱無能近年被暎夷脅之以威誘之以利已為所愚自應設法防範臣業經密飭香山協副

六六七　兩廣總督盧坤密奏折

籌辦澳門水陸防守各情形

(道光十四年八月二十八日)

將秦裕昌與澳門同知妥為預備并飭該協幫
助西洋夷人防守澳門礮臺以為牽制之計現
值水師提臣患病請假另摺具奏委署之碣石
鎮譚安尚未到任查陽江鎮所轄海面安靜無
事已飭該鎮何岳鍾率領舟師赴澳門附近洋
面巡察并遴派臣標精壯兵丁三百名委都司
洪發科管帶赴澳門添防其大鼡山礮臺亦派
員前往防守逐處密為布置不動聲色俟察看
夷情安靜即行撤回如其蓄有詭謀亦不致臨

六六七　兩廣總督盧坤密奏折

籌辦澳門水陸防守各情形
(道光十四年八月二十八日)

時呼應不及總之
國體斷不可失而邊衅亦不敢啓臣仍隨時酌量
辦理奏
附片密
聞所有現在籌備情形謹再會同廣東巡撫臣祁𡒄
奏伏乞
聖鑒訓示謹
奏
另有旨

六六八　兩廣總督盧坤密奏折

英吉利夷目律勞啤在廣州十三行夷館違抗舊章官兵加强水陸防守(道光十四年八月二十八日)

再，唉咭唎國在廣東貿易，該國向設有公班衙名目，譯理通國買賣，謂之公司。該公司派有大二三四班來粵總理貿易事務，約束夷商。道光十年據洋商等稟知，該國公司至道光十三年期滿，該國夷人各自貿易，恐事無統攝，經前督臣李鴻賓飭商傳諭大班寄信回國，若果公司散局，仍酌派曉事大班來粵總理貿易。本年臣盧坤與粵海關監督臣中祥查得該國公司已散，即經飭商妥議務使事有專責，勿致散漫無

六六八　兩廣總督盧坤密奏折

英吉利夷目律勞啤在廣州十三行夷館違抗舊章官兵加强水陸防守（道光十四年八月二十八日）

稽六月内有𠸄咭唎兵船載送夷目啤勞啤一名來粤稱係查理貿易事務携帶女眷幼孩共五口寄住澳門兵船查有番梢一百九十名停泊外洋該夷目换船至省外夷館居住臣盧坤接據營縣稟報即咨會水師提督派撥舟師在於虎門等處海口巡防并行各礮臺弁兵嚴密防範不准該夷兵船進口及番婦人等來省並飭洋商伍敦元等查詢該夷目因何事來省如因公司散局應另定貿易章程即告知該商等

六六八　兩廣總督盧坤密奏折

英吉利夷目律嘮啤在廣州十三行夷館違抗舊章官兵加强水陸防守（道光十四年八月二十八日）

轉稟以憑具奏恭候奉到

諭旨飭遵詎該夷目不肯接見洋商旋赴城外呈遞

致臣盧坤書信一函封面係平行款式且混寫

大英國等字樣當查中外之防首重體制該夷

目啡嘮啤有無官職無從查其底裏即使實係

該國官員亦不能與

天朝疆吏書信平行事關

國體未便稍涉遷就致令輕視隨飭廣州協副將

韓肇慶諭以

六六八 兩廣總督盧坤密奏折 英吉利夷目律勞啤在廣州十三行夷館違抗舊章官兵加强水陸防守(道光十四年八月二十八日)

天朝制度從不與外夷通達書信貿易事件應由商
人轉稟不准投遞書函總思化外愚蠢初入中
華未諳例禁自宜先行開導俾得知所遵循復
摘叙歷次奏定夷人貿易條款諭飭洋商傳諭
開導並告以外夷在粤通市係
聖朝嘉惠海隅並不以區區商稅為重該國貿易已
越一百數十年諸事均有舊章該夷目既為貿
易而來即應遵守章程否則不准在粤貿易等
情前後四次反覆曉諭旋據該商等稟覆該夷

六六八　兩廣總督盧坤密奏折

英吉利夷目律勞啤在廣州十三行夷館違抗舊章官兵加强水陸防守（道光十四年八月二十八日）

目不遵傳諭聲言伊係夷官監督非大班人等可比以後一切事件應與各衙門文移來往不能照舊由洋商傳諭伊亦不能具稟祇用書文交官轉遞該商等答以向來無此辦法該夷目堅執不移請即停止該國買賣臣以該夷目啤嘮啤屢次執拗誠屬頑梗第念該國王向來尚屬恭順該國散商均尚安靜若因啤嘮啤一人之過概行封艙未免向隅仰體

皇上天地之量中外一視同仁曲加體卹復將外夷

貿易事宜向係洋商經理從無官為主持之事
唉咭唎向與中華不通文移該夷人所言不能
准行並將本應封艙因體卹散商衆人暫從寬
緩緣由明晰批飭該商等再行曉諭如其悔悟
恭順照常貿易倘再違執即行封艙冀以情理
之真誠化犬羊之桀驁但能無傷大體即亦不
加苛求而該夷目於商人傳諭若罔聞知該商
等將批語抄給亦置之不閱並據水師叅將高
宜勇稟報唉咭唎國復來兵船一隻與前來兵

六六八　兩廣總督盧坤密奏折

英吉利夷目律嘮啤在廣州十三行夷館違抗舊章官兵加强水陸防守(道光十四年八月二十八日)

船同在虎門口外九洲沙瀝洋面停泊查其番
梢亦係一百九十名詢據聲稱並不進口候風
順駛去等情復經咨行水師提督及香山協一
體加緊防堵並札飭沿海各縣嚴禁商漁艇隻
攏近夷船交易接濟一面與臣祁𡊮再三籌度
噗夷素性兇狡所恃者船堅礮利内洋水淺礁
石林立該夷船施放礮火亦不能得力該夷目
身入中華距本國數萬里已有主客之勢如其
妄思跳梁我兵以逸待勞其無能為顯而易見

六六八　兩廣總督盧坤密奏折

英吉利夷目律勞啤在廣州十三行夷館違抗舊章官兵加强水陸防守（道光十四年八月二十八日）

第事關化外必須略外詳慎折服其心商人所稟究屬一面之詞未便遽信隨飭委同知潘尚楫會同廣州府協前往夷館面加查詢并諭令將兵船即日開行回國該夷目仍不將來粤辦理何事情由説明亦不將兵船因何而來何日回去之處詳細登答因該夷目令通曉漢語之夷人傳話恐傳告或有不實飭令帶同通事前往該夷目又不肯令通事轉傳言語委員等無從曉諭屢飭洋商查探總不能得其來歷原委

六六八 兩廣總督盧坤密奏折

英吉利夷目律嘮啤在廣州十三行夷館違抗舊章官兵加强水陸防守(道光十四年八月二十八日)

伏查暎夷貿易向由洋商與大班人等經理從無夷目干預今忽欲設官監督已與舊制不符且該國即有此議亦應將如何監督辦理何事之處先行稟明奏請

諭旨分别應准應駁遵照辦理乃該夷目律嘮啤既不稟明突然來至省外夷館居住輒欲與中華官員文移書信來往殊出情理之外疊經商人傳諭委員查詢不為不委曲詳明亦非强以所難該夷目總不將辦理何事説明原委必欲與

六六八　兩廣總督盧坤密奏折　英吉利夷目律勞卑在廣州十三行夷館違抗舊章官兵加强水陸防守(道光十四年八月二十八日)

内地官員通達文移書信且擅出告白令各散商不必以斷絶貿易為慮是其有心抗衡不遵法度若不量加懲抑何以肅
國體而懾諸夷向例夷人不法即應封艙臣等與粤海關監督臣中祥商酌並與將軍都統及在省司道會同熟商惟有照例封艙將唤咭唎國買賣暫行停止如該夷目畏懼恭順遵照
天朝制度再行奏請
恩施准其開艙交易以昭懲戒貿易原係散商之事

六六八　兩廣總督盧坤密奏折

英吉利夷目律嘮啤在廣州十三行夷館違抗舊章官兵加强水陸防守(道光十四年八月二十八日)

第該國既未另派大班該夷目先稱查理又稱監督究不知所司何事且如此執謬不受約束事無責成即散商貿易亦難期妥協近年夷商漸形驕大當此章程甫始必應從嚴整飭現在臣等會同將律嘮啤歷次違抗照例封艙原委出示曉諭並叙明與各散商無涉此外各國照常買賣是否有當仰祈

聖明訓示遵行再粤海關近年徵收夷船商税唊咭唎國約計銀五六十萬兩在

六六八　兩廣總督盧坤密奏折

英吉利夷目律勞啤在廣州十三行夷館違抗舊章官兵加强水陸防守(道光十四年八月二十八日)

帑藏原無關毫末而
國用為重亦不敢不通盤籌畫惟夷情貪得無厭愈示含容則愈形傲睨現在外洋私販鴉片夷船日多正在設法整頓又来此謬妄之夷目此時即便姑容亦必得步進步另生妄想勢不得不少示裁抑該國以貿易為生衆商紛紛載貨前来急於銷售趁秋冬北風載貨回國斷不肯輕擲貲本守候誤時各散商見律勞啤屢次違抗衆心已多不服現據在海關稟求開艙業經

六六八　兩廣總督盧坤密奏折

英吉利夷目律嘮啤在廣州十三行夷館違抗舊章
官兵加强水陸防守（道光十四年八月二十八日）

批示如律嘮啤改悔遵守舊制即准其奏請開
艙該商等必不任聽固執自悞營生且內地大
黄茶葉磁器絲觔為該國必需之物溯查嘉慶
十三年及道光九年因該夷人滋事封艙旋據
籲請復開此該國不能不與中華交易之明證
該夷人除礮火以外一無長技現已商同將軍
臣哈豐阿等派撥弁兵在省城內外分設堆卡
加意巡防澳門一帶亦密派員弁水陸分投布
置鎮静防範不致疎虞亦斷不稍涉張皇肇衅

六六八　兩廣總督盧坤密奏折

英吉利夷目律嘮啤在廣州十三行夷館違抗舊章官兵加强水陸防守（道光十四年八月二十八日）

釀事仍飭該府縣訪查漢奸嚴拏懲辦至外夷
貿易係洋商專責今夷目啡嘮啤来粤該商等
既不先行禀報卽飭傳諭又一無能為殊屬玩
忽仍查明有無情弊嚴參究處所有辦理緣由
臣等謹會同粤海關監督臣中祥將軍臣哈豐
阿左都統臣宗室倫忠右都統臣左廷桐合詞
繕摺密
奏伏乞
聖鑒謹

六六八　兩廣總督盧坤密奏折

英吉利夷目律嘮啤在廣州十三行夷館違抗舊章官兵加强水陸防守(道光十四年八月二十八日)

所辦者妥所見亦是另有旨諭

奏

六六九　廣州將軍哈豐阿奉上諭著悉心會商妥速辦理英夷兵船闖入內河事宜（道光十四年九月初三日）

軍機大臣　字寄

廣州將軍哈　兩廣總督盧　廣東巡撫祁

道光十四年九月初三日奉

上諭本日據盧坤等由驛馳奏暎咭唎夷船闖入內
河調兵驅逐一摺已明降諭旨將該督等分別懲
處矣此次暎咭唎兵船停泊外洋本年六月間即
經盧坤咨會水師提督李增階嚴密防範果能實力
堵禦何至闖入內河乃於八月初五日該夷兵船乘潮水漲
敢闖進海口各弁兵開礮轟擊膽敢放礮回拒且
虎門橫檔等處礮臺已被闖越並於初七日直過

六六九　廣州將軍哈豐阿奉上諭著悉心會商妥速辦理英夷兵船闖入內河事宜(道光十四年九月初三日)

大虎礮臺初九日駛至離省六十里之黄浦河面停泊看來各礮臺俱係虚設兩隻夷船不能擊退可笑可恨武備廢弛一至如是無怪外夷輕視也現據該督等奏稱調用大船十二隻每隻用大石塊十萬斤横沉水内用粗大鐵纜繫椗復用木排在水面阻塞堵其入省水路並調集提標大師船船二隻軍標大小師船六隻及新會順德各營縣内河巡船二十餘隻配兵備械嚴密巡防又調撥督標兵丁三百名撫標兵丁三百名提標兵丁七百名府縣壯丁三百名整備槍礮在兩岸陸路防

備其大黃滘支河派委叅將盧必沅帶領巡船二
十餘隻在彼攔截並用大木排堵塞河面又於對
河建設木閘委都司洪發科率領督標精銳兵五
百名水師兵一百名運帶擡礮及劈山威遠大礮
以一百五十名防守礮臺以三百五十名紮營策
應等情靈坤恐澳夷西洋人爲嘆咭唎夷人所惑
飭委副將秦裕昌會同文員曉諭布置并一體防
範不致疎虞該西洋夷人極爲恭順感激情願自
行防守極應如此辦理又另片奏此時前路兩處
全行堵塞後路亦在長洲崗地方辦備大石派永

六六九 廣州將軍哈豐阿奉上諭著悉心會商妥速辦理英夷兵船闖入內河事宜(道光十四年九月初三日)

靖營兵丁三百名令遊擊王禄管帶防守一俟礟石等處師船駛入即將大石堵塞河內該夷船即無出路並豫備大小船百數十隻暗藏硝礦柴草引火之物爲火攻之計等語噗咭唎夷人桀驁性成心懷叵測由來已久此次夷船僅有二隻畨梢亦不過三四百人果能絶其進出之路阱獸釜魚難頃刻掃蕩惟該夷目嘽嘮啤既稱來粵貿易何以一經封艙狡焉思逞竟敢闖入內河放礟回拒殊出情理之外恐尚有别項船隻遥爲接應必須確切查明通盤籌計該督等接奉此旨務即悉心

六六九　廣州將軍哈豐阿奉上諭著悉心會商妥速辦理英夷兵船闖入內河事宜(道光十四年九月初三日)

會商妥速辦理知該夷目一經懲創計窮力蹙俯首認罪尚可寬其一線即飭洋商曉以利害責其擅進兵船擅用礮火並詰以因何來省之故儻仍執迷不悟頑抗如前該督等即整飭戎行相機驅剿務令該夷目震懾天威悔悟恭順該督等儻仍前玩愒釀成巨患朕惟知執法從事斷不能倖邀寬典也凛之慎之將此由五百里各諭令知之欽此遵旨寄信前來

六七〇　欽差禮部尚書升寅奉上諭

英兵船擅闖入口到廣州十三行夷館著查明粵督等辦理此案情形(道光十四年九月初九日)

軍機大臣　字寄

欽差尚書昇　侍郎賽　道光十四年九月初九日

奉

上諭前據盧坤等奏暎咭唎國夷目啡嘮啤於本年六月内坐載兵船携眷来粵至省外夷館居住妄遞信函並不遵守舊章陰蓄詭謀歷次違抗不法等情當降旨諭令封艙如果改悔即准奏請開艙並著密派員弁在省城内外及澳門一帶嚴加防範仍飭查拏漢奸並查該商等有無情弊嚴參究辦續據哈豐阿等及盧坤等先後馳奏該國夷船

六七〇　欽差禮部尚書升寅奉上諭英兵船擅闖入口到廣州十三行夷館著查明粵督等辦理此案情形（道光十四年九月初九日）

二隻於八月初五日乘潮闖入内河該處礮臺放礮攻擊攔截該夷船施放連環大礮抗拒回擊直越各礮臺於初九日駛至離省六十里之黄埔河面停泊現據該督等調用大船十二隻裝載大石塊横沉水面並用大錨纜繫椗及木排堵塞該夷船進出之路並調撥弁兵整備槍礮建設木閘防守礮臺豫備大小船百數十隻暗藏硝磺柴草等物爲火攻之計等語當降旨諭令該督等會商安辦夷船僅有二隻者梢不過三四百人此時兩路堵截何難頃刻掃蕩恐尚有别船接應必須確切

六七〇 欽差禮部尚書升寅奉上諭

英兵船擅闖入口到廣州十三行夷館著查明粵督等辦理此案情形(道光十四年九月初九日)

查明斟酌辦理如該夷目分別認罪尚可寬其一綫倘仍執迷不悟即相機驅剿毋得仍前玩愒致貽巨患尚復成何事體連日未據該督等將辦理如何如情形陸續奏報朕心甚為懸系咲咭唎國夷人素性兇狡特化外蠢愚未諳例禁該國貿易百數十年諸事均有舊章何以此次經該督等疊飭申諭違抗不遵且居住夷館不將辦理何事說明原委該夷人心懷叵測由來已久該省外夷通市向係洋商經理豈無傳聞確見據該督等奏該夷因公司局散欲向各夷船抽分稅銀隨後尚有兵

船来粤或係為挾持夷商起見以為傅言不足深
信該夷即犬羊成性數萬里遠涉中華種種受制
歷來通市辦理俱有舊章豈能無故反噬必當究
明原委庶有以折服其心天朝嘉惠海隅並不以
區區商稅為重但外夷通市不能絕商船之往来
總須澈底查明迅速設法辦理至外夷在省貿易
兵船不准擅行入口且六月間該夷兵船在外洋
停泊如有心闖入内河為時尚隔兩月該夷目正
在夷館肆無忌憚屢諭不遵該省豈無防備該夷
兵船豈能偷越海口絕無信息且海口以内各處

六七〇　欽差禮部尚書升寅奉上諭英兵船擅闖入口到廣州十三行夷館著查明粵督等辦理此案情形（道光十四年九月初九日）

俱有礮臺望見該夷兵船即應一面申報一面攔
阻何至任其乘潮駛進直越各礮臺闖入內河至
其進口時各礮臺弁兵曾否開礮轟擊該夷船如
何放礮回擊隨拒隨行及越過大虎礮臺時該將
弁等是否用大礮轟擊抑或全行躲避致令該夷
船如入無人之境至其於入省水路及大黃滘支
河河面兩處全行堵塞並後路長洲崗地方購備
大　石　派　撥
弁兵防守堵塞所用船隻錨纜及石塊木排分投
布置兵備戒嚴並調撥大小船隻豫備火攻如果

六七〇　欽差禮部尚書升寅奉上諭

英兵船擅闖入口到廣州十三行夷館著查明粵督等辦理此案情形（道光十四年九月初九日）

諸事整備壯我聲威該夷目力竭計窮俯首知懼悔罪乞命尚可寬其一綫儻頑抗如前即應相機驅勦該督等是否悉心調撥布置得宜抑係先事疎防臨時籌備著昇寅等暗察邊情明訪輿論將該督等於辦理此案節次情形如何措手及現在夷船停泊内河如何辦理情形詳細查明據實具奏此係密交查辦之件諒昇寅等自必倍加慎密斷不敢稍滋漏洩致負委任將此由四百里諭令知之欽此遵

旨寄信前來

六七一　兩廣總督盧坤奏折

查明英船販賣鴉片及查辦情形
(道光十四年九月初十日)

兩廣總督臣盧坤
廣東巡撫臣祁𡎴跪

奏爲遵
旨查明番船販賣鴉片及查辦情形恭摺
奏祈
聖鑒事。竊臣等於道光十四年六月十三日承准軍
機大臣字寄道光十四年五月二十二日奉
上諭：有人奏，近聞暎咭唎國大船終歲在零丁洋及
大嶼山等處停泊，名曰躉船，凡販鴉片烟者，一入
老萬山，先以三板艇剝赴躉船，然後入口省城包

六七一　兩廣總督盧坤奏折

查明英船販賣鴉片及查辦情形
（道光十四年九月初十日）

買户謂之窑口議定價值同至夷館兑價給單即雇快艇至躉船憑單交土其快艇名快蟹亦名扒龍礮械畢具每艇壯丁百數十人行駛如飛兵船追拏不及各洋呢羽等貨税課較重亦多由躉船私行售賣等語海防例禁綦嚴豈容夷船逗留售私漏税且鴉片烟流毒内地疊經降旨嚴行飭禁自應實力查拏務使根株净盡若如所奏躉船之盤踞不歸快蟹之飛行遞送灌輸内地愈禁愈多各項貨物恃有躉船售私紋銀之出洋關税之透

六七一 兩廣總督盧坤奏折 查明英船販賣鴉片及查辦情形(道光十四年九月初十日)

漏未必不由於此著該督等督飭所屬即將躉船設法驅逐快蟹嚴密查拏勿任仍前停泊致啓售私漏税等弊該夷船如或驅此泊彼巧爲避匿即責成巡哨水師認真巡緝從嚴懲辦毋得稍有諱飾并著將查辦情形先行據實具奏將此諭知盧坤祁𡎴并傳諭中祥知之又先准軍機大臣字寄

道光十四年三月二十七日奉

上諭本日據程祖洛奏稱閩省奸民之貿易廣東者習學番語即在澳門交接夷人勾引来閩并據現

獲之王畧供認在澳門生理常與夷人交易稔知夷情凡夷船之帶有鴉片烟土者必先寄泊廣東外洋勾接私船發賣净盡再收内洋報稅開艙等語現在嚴禁鴉片較前查拏甚緊該夷船不能獲利又素聞内地奸民通信以官兵驅逐夷船不肯用火器轟擊遂致心存藐玩於閩省洋面有不遵驅逐之事轉敢施放槍礮肆行拒捕向來營員驅逐夷船曾經降旨不准用礮轟擊原期於示威之中仍寓懷柔之義乃該夷船一遇官船驅逐膽敢

六七一　兩廣總督盧坤奏折

查明英船販賣鴉片及查辦情形

（道光十四年九月初十日）

施放槍礮且該夷人船隻較大外洋本所熟悉官兵駕駛小船洋面未能徧識又復不敢擅用大器其應如何防範之處該督撫等務當隨時體察情形斟酌妥善以靖洋面而杜私販將此諭知盧坤祁𡎴并傳諭中祥知之欽此先後遵旨寄信前來遵即傳諭前任粵海關監督中祥一體欽遵欽查外洋鴉片流入中華由來已久其初本以藥材販運入關完稅行銷沿海商民沾染外夷習氣煎膏吸食迨嘉慶四年前督臣以鴉

六七一 兩廣總督盧坤奏折

查明英船販賣鴉片及查辦情形
(道光十四年九月初十日)

片有害民生禁止入口販運者不得入關而吸
食者傳染日廣夷人隨私帶鴉片烟土在外洋
寄泊銷賣臣盧坤前奉
諭旨飭令查明鴉片烟延入内地之由為拔本塞源
一勞永逸之計到任以後查訪近年鴉片行銷
日盛皆由土棍駕駛快艇透漏節經咨行舟師
將在洋停泊夷船隨時催令開行并嚴禁民船
蛋艇與夷船交易接濟并嚴拏走私土棍先後
經各員弁在洋用槍礮擊沈快艇不少復據香

山協秦裕昌等迭次拏獲與夷船交易民人及走私快蟹艇隻本年又將向夷船販買烟土之李亞祖等人船並獲起獲烟土究出開設窰口之土棍姚九歐寬出本興販當即從嚴查抄拏究業將辦理情形并歷次拏獲快艇緣由奏蒙

聖鑒在案欽奉前因遵復與臣祁𡎴及新任海關監督彭年會同詳查唤咭唎番船販賣鴉片烟土實為内地民生財用之蠹呢羽等貨雖現在訪查尚無偷漏實跡查核粤海關稅銀丙申年徵

六七一　兩廣總督盧坤奏折

查明英船販賣鴉片及查辦情形
（道光十四年九月初十日）

銀一百六十六萬九千兩零比較歷年收數有
增無減第恐匪徒走私日久漸生偷税之弊亦
不可不防其漸臣等身任封疆此等地方應辦
之事上煩
宸廑已屬寤寐難安復何敢稍存諱飾自取重戾惟
鴉片来自外夷其發源既無從查禁夷船來粤
多在零丁外洋及磨刀洋面寄泊各該處均為
貿易商船進口出口必由之地寄泊夷船少則
四五隻多則二三十隻歷據巡洋員弁隨時禀

六七一　兩廣總督盧坤奏折

查明英船販賣鴉片及查辦情形
(道光十四年九月初十日)

報批飭催逐有即時開行者亦有稱因探聽貨物行市及守風修槓延逗者該處遠在外洋離省數百里何船躉載鴉片巡洋兵船亦不能搜查確實未便於衆船聚泊之時遽用礮火轟擊致失

天朝懷柔之義其躉船一項常年在洋當衆船聚集之時溷雜其中難分玉石惟有於各國商船回帆以後查明如有在洋躉私船隻即調集水師大加兵威嚴行驅逐第鴉片雖係夷船載來若

無内地匪徒勾串販運該夷人即有私貨亦從
何行銷近年歷次嚴拏快艇該夷船即不能獲
利更可見夷人全藉土販表裏爲奸則嚴拏走
私尤爲扼要現在飭令香山協派撥巡船二隻
在於夷船灣泊洋面常川巡查一切買賣食物
民蛋艇隻均不許攏近夷船私相交易以杜接
濟遇有土棍駕駛快艇向夷船興販鴉片及私
買呢羽等貨即時查拏解究從重分别治罪并
責成内河營縣派撥巡船在於各海口及一切

六七一　兩廣總督盧坤奏折

查明英船販賣鴉片及查辦情形
(道光十四年九月初十日)

通海港汊分定段落晝夜輪流巡緝遇有奸販
偷越進出即行拏解各關口一體實力嚴查無
論外海内河有能拏獲走私漏税人贓即照拏
獲鴉片烟之例分别奏請議叙即不能人贓並
獲但能拏獲私艇者官弁量予鼓勵兵役酌給
奬賞如員弁疎於查緝或兵役得規故縱除兵
役照例治罪外將該管官從嚴參辦仍飭地方
官訪拏開設窑口土棍照姚九等一例查抄嚴
辦免其從前失察之咎如視爲具文别經發覺

六七一　兩廣總督盧坤奏折　查明英船販賣鴉片及查辦情形（道光十四年九月初十日）

從重參辦并飭洋商傳諭暎咭唎夷商互相查察如有一船偷漏税貨即將衆船一概不准貿易使其彼此自相稽察防閑更爲周密仰副聖主慎重海防至意所有辦理情形謹會同粤海關監督臣彭年據實具奏伏乞皇上聖鑒訓示謹奏

另有旨

道光十四年九月初十日

六七二　兩廣總督盧坤奉上諭

英夷兵船已逐出口著嚴飭將弁加以防範(道光十四年九月十一日)

軍機大臣　字寄

兩廣總督盧　廣東巡撫祁　傳諭粵海關監

督彭年　道光十四年九月十一日奉

上諭本日據哈豐阿等由驛馳奏暎咭唎兵船均已押逐出口一摺覽奏均悉已明降諭旨分別加恩並賞還盧坤太子少保銜雙眼花翎矣此次暎咭唎夷目啡嘮啤來粵貿易不遵法度並將兵船二隻闖入內河經官兵開礮攔截膽敢放礮回拒節經盧坤將該夷船進出之路全行堵塞該夷目瞭見柴草船隻惟恐火攻實形惶恐現據該國散商

六七二　兩廣總督盧坤奉上諭

英夷兵船已逐出口著嚴飭將弁加以防範（道光十四年九月十一日）

咖啡咍等投稱啡嘮哩自認不諳例禁是以未領牌照兵船實因護貨誤入虎門自知錯誤乞求恩准下澳兵船即日退出求准出口該督派文武妥員於八月十九日將啡嘮哩押逐出口該夷兵船業於二十二日押出虎門海口並將所調官兵撤回歸伍辦理尚為妥善該督等務嚴飭所派將弁加意防範不得因該夷船業經出口稍存怠玩又另片奏該省水師營伍人材甚少俟新任提督到粤後從長商辦又各處礮臺有無應行更定事宜俟親往查勘酌量辦理至該國公司既散仍應另派

六七二　兩廣總督盧坤奉上諭　英夷兵船已逐出口著嚴飭將弁加以防範（道光十四年九月十一日）

大班管理方可相安等語𠸄咭唎夷人與內地通市向來不通文移然必須有統攝之人專理其事著該督等即飭洋商令該散商等寄信回國另派大班前來管理貿易事宜以符舊制至沿海各處礮臺尤當力加整頓不可有名無實不可有名無實著該督於校閱營伍時親往虎門一帶逐加查勘如有應行更定事宜務當悉心妥議總期有備無患實在得力方足以壯聲威而資防禦其營務海防一切章程著俟新任提督關天培到粵後該督等會同籌商設法整飭力除從前怠玩積習俾該

將弁等有勇知方悉成勁旅至關口進出稽查全
在粵海關監督廉以飭躬嚴以馭下方能懾服諸
番著該督等會同新任監督彭年將疲弛積弊痛
加整頓其如何釐剔弊端之處著即商酌詳議釐
定章程據實具奏將此諭知盧坤祁𡎴並傳諭彭
年知之欽此遵
旨寄信前來

六七二　兩廣總督盧坤奏上諭英夷兵船已逐出口著嚴飭將弁加以防範(道光十四年九月十一日)

六七三　內閣奉上諭

英國兵船人等均已逐出口疏防革處各員弁均著寬恩并認真訓練(道光十四年九月十一日)

道光十四年九月十一日內閣奉
上諭本日據哈豐阿等由驛馳奏嘆咭唎兵船夷目
均已押逐出口一摺此次嘆咭唎夷目律嘮啤來
粵貿易不遵法度該督照例封艙以後該夷目又
不請牌照擅令兵船二隻闖入海口進至內河黃
埔地方經該督調派文武員弁兵丁並咨調旗營
提標師船及新會等縣內河巡船分布前路及兩
岸扼要處所該夷兵船人等見水面木牌横亘槍
礮如林大小師船排列數里陸路亦處處駐兵紮
營聲勢聯絡軍威嚴整該夷目等伏處舟中內外消

息不通進出無路惶恐悔罪懇求給牌下澳該督
因該夷目違禁膽玩若即准其出省來去自由不
足以懾服夷情飭令洋商伍敦元等嚴加詰問該
夷目因何不領牌照擅將兵船闌入内地意欲何
為且於兵丁開礮轟擊時輒敢放礮回拒令其明
白登荅方准出省旋據該夷商咖啡啱等稟稱啡
嘮啤係屬夷目與大班不同不曉事體兵船進口
實因商船封艙保護貨物緣海口兵丁開礮轟擊
夷兵亦放礮自護深知悔錯且該國商梢數千人俱
以該夷目不遵法度為非無一附和之人該督等因

六七三　內閣奉上諭

英國兵船人等均已逐出口疏防革處各員弁均著寬恩并認真訓練(道光十四年九月十一日)

該夷目律勞啤既已認錯乞恩衆散商節次籲求自應寬其一綫逐令出口即准該商等赴粤海關請領紅牌該督派委文武妥員於八月十九日將律勞啤押逐出口該夷兵船二隻亦於是日開行押出虎門海口所有調防各處水陸官兵概行撤回分别歸伍歸巡當該夷進退兩難之際何難立行剿滅但此等外夷趨利若鶩其不諳例禁之處不值與之深較朕亦不爲已甚玩則懲之服則舍之該督等辦理此案尚合機宜前因該督等不能先事豫防致令該夷兵船闌入內河勞師驅逐是以

六七三　内閣奉上諭

英國兵船人等均已逐出口疏防革處各員弁均著寬恩并認真訓練(道光十四年九月十一日)

防旨分别革職示懲今既將該夷目等押逐出口
是該督等始雖失於防範終能辦理妥善不失國
體而免衅端朕頗嘉悦盧坤著加恩賞還太子少
保銜並給還雙眼花翎其前此疏防亦難辭咎著
仍帶革職留任所有海防各營汛係(歸)水師提督專
責(諳)前任水師提督李增階業經革職現已事定著
毋庸議即令回籍已革水師提標中軍叅將高宜
勇著俟枷滿一月後即行釋放其看守礮臺怠玩
各弁著一併枷滿釋放此係朕格外施恩該督等
惟當知愧(感)知懼力加振作於營務海防隨時認真

六七三　内閣奉上諭

英國兵船人等均已逐出口疏防革處各員弁均著寬恩并認真訓練(道光十四年九月十一日)

訓練務將從前積習痛行湔除俾士卒悉成勁旅
以壯聲威而副委任欽此

六七四　粤海關監督彭年奏折　查明已未完庫款并查辦商欠緣由（道光十四年九月二十二日）

粤海關監督奴才彭年跪

奏為接收交代庫項查明新舊應徵及部催已未

完各款將商欠銀兩分別勒限催追恭摺

奏祈

聖鑒事竊奴才蒙

恩簡放粤海關監督業將到任日期恭疏具

題並繕摺

奏報叩謝

天恩在案茲准前任監督中祥將關庫現存銀一百

六七四　粤海關監督彭年奏折

查明已未完庫款并查辦商欠緣由
（道光十四年九月二十二日）

九十三萬六百七十九兩零移交弩按款盤查
接收並無虧短復將中祥任内經徵各款詳細
查核内丙申丁酉兩年係自道光十三年至十
四年應徵尚未奏銷之款除徵存在庫及應行
支銷款項外共未完銀五十四萬八千九百兩
零其已經奏銷之癸巳甲午乙未三年及帶徵
壬辰年二三兩限銀兩現准户部行催共應解
銀一百五十三萬九千一百餘兩除已經起解
及現存在庫外共未完銀四十四萬一千一百

四十七兩零此外尚有未完癸巳等年應觧内
務府參價開欵等襍項銀兩共三十一萬六千
五百三十五兩零以上各欵未完銀兩均有各
商認狀為憑委係實欠在商第癸巳等年各欵
既經奏報徵存何以尚有未完查訊各商僉稱
向來奏銷均按一年應完餉税銀數奏報各商
陸續完繳近年因洋貨滯銷又值東生等五行
先後倒閉攤賠虧餉及夷欠銀二百餘萬兩現
商貲本轉輸不繼以致未能依限完納求寬限

六七四　粤海關監督彭年奏折

查明已未完庫款并查辦商欠緣由

(道光十四年九月二十二日)

完繳等語，督飭詳加體訪。所供係屬實在情形。伏查關庫餉稅，上關

帑項，不容絲毫拖欠。今各商未完新舊餉銀暨𢈪款，至一百三十餘萬兩之多。内癸巳、甲午、乙未三年及帶徵壬辰年二三兩限銀兩，現准部催尤屬刻不可緩之款，斷不容藉詞延宕。自應分别新舊正𢈪，勒限嚴追。查各商欠數，自數萬兩至十餘萬兩不等。其天寶行商人梁承禧欠銀四十二萬餘兩，萬源行商人李應桂欠銀三十

一萬餘兩為數最多應先行叅追以儆疲玩查
梁承禧即梁綸樞係議叙道員職銜李應桂係
議叙遊擊職銜相應請
旨先行革去職銜同其餘各商均勒限三個月將部
催正款掃數完繳再行奏請
恩施逾限無完從重分别究辦至丙申年現屆奏銷
及丁酉年尚未屆限各欠項暨歷年未完襍款
銀兩現與督臣盧坤籌議設法催追俟議定章
程另行具

六七四　粤海關監督彭年奏折

查明已未完庫款并查辦商欠緣由
（道光十四年九月二十二日）

奏所有查明已未完庫款并查辦商欠緣由理合

繕摺具

奏並繕各年正款襍款完欠銀數清单敬呈

御覽伏乞

皇上聖鑒謹

奏

另有旨

道光十四年九月　二十二　日

六七五　粵海關監督彭年奏折
報解關税盈餘銀兩數目
（道光十四年九月二十五日）

粵海關監督奴才彭年跪

奏爲恭報起解關税盈餘銀兩數目仰祈

聖鑒事竊照粵海關每年徵收正襍銀兩向於滿關

後六個月

奏報起解道光十年前監督中祥會同前督臣李

鴻賓奏請徵收關税自癸巳年爲始按船完納

年清年款於滿關後三個月徵齊報解經户部

覆准在案兹查關期遞年連閏趲前應徵丙申

年分關税自道光十三年五月二十六日起至

六七五 粤海關監督彭年奏折

報解關税盈餘銀兩數目

(道光十四年九月二十五日)

十四年五月二十五日止一年期内大關各口共徵銀一百六十六萬九千七百一十二兩六錢四分一釐業經前監督中祥於本年五月關期報滿時將徵收總數恭摺

奏明在案現當三個月期滿洛催委員過關分批起解應將收支實數分款造報查丙申年分共徵銀一百六十六萬九千七百一十二兩六錢四分一釐内正羨盈餘銀九十四萬六千三十三兩七錢八分七釐除循例支出正項銀四萬

六七五　粤海關監督彭年奏折

報解關税盈餘銀兩數目
(道光十四年九月二十五日)

兩銅觔水脚銀三千五百六十四兩移交藩庫
取有實收送部查核應存正羨銀九十萬二千
四百六十九兩七錢八分七釐又雜羨盈餘銀
七十二萬三千六百七十八兩八錢五分四釐
內除欽奉
諭旨每年撥解內務府廣儲司公用銀三十萬兩又
照例支出通關經費養廉工食及鎔銷折耗等
銀四萬六千四百五十一兩二錢五分七釐又
支出解交造辦處裁存備貢銀五萬五千兩又

六七五 粤海關監督彭年奏折

報解關稅盈餘銀兩數目

(道光十四年九月二十五日)

動支報解水脚銀五萬二千九百二十兩五錢五分七釐部飯食銀四萬一千六百七十四兩三分八釐應存襍羨銀二十二萬七千六百三十三兩二釐共應解部正襍盈餘銀一百一十三萬一百二兩七錢八分九釐與照例動支水脚銀五萬二千九百二十兩五錢五分七釐部飯食銀四萬一千六百七十四兩三分八釐均應解部歸款又動支撥解廣儲司公用銀三十萬兩動支造辦處裁存備貢銀五萬五千兩又

另款洋商備繳辦貢銀五萬五千兩均應解内務府歸款以上共實解户部銀一百二十二萬四千六百九十七兩三錢八分四釐實解内務府銀四十一萬兩又另解平餘等銀六千九百三十三兩一分一釐查此項平餘等銀係遵照户部

奏准於奏銷盈餘摺内按數剔除入於本案報銷不歸併盈餘項下查丙申年分關税大關各口共徵銀一百六十六萬九千七百一十二兩六

六七五　粤海關監督彭年奏折（道光十四年九月二十五日）
報解關税盈餘銀兩數目

錢四分一釐内除前監督中祥支銷過通關經費銀三萬九千六百三十九兩九錢六分五釐各口已徵未解銀六萬四千一百四十四兩三錢二分一釐洋商未完夷税銀四十三萬九千一百八十兩七錢三分六釐實存庫銀一百一十二萬六千八百一十九兩六錢一分九釐又洋商未完應繳内務府参價備貢等銀一十六萬八千三百五十四兩兹當

奏銷起解錢糧之期除循例支出正項銀四萬兩

六七五　粤海關監督彭年奏折
報解關税盈餘銀兩數目
（道光十四年九月二十五日）

銅觔水脚銀三千五百六十四兩續支通關經費等銀六千八百一十一兩二錢九分二釐實存庫銀一百七萬六千四百四十四兩三錢二分七釐又據洋商續繳夷税銀一萬五千二十七兩六錢三分五釐各口觧到銀二千八百七十九兩二錢六分共存庫銀一百九萬四千三百五十一兩二錢二分二釐尚有各口未觧到銀六萬一千二百六十五兩六分一釐洋商未完夷税銀四十二萬四千八十一兩一錢一釐

六七五　粤海關監督彭年奏折

報解關税盈餘銀兩數目

(道光十四年九月二十五日)

洋商應繳內務府參價備貢等銀一十六萬八

千三百五十四兩奴才現在竭力嚴追斷不敢因

前任積欠之項稍存寬縱惟欽奉

上諭必須上年税項全數解清方准將本年税銀起

解等因欽此並准戶部劄催按關期滿後三個月

內起解以免積陳壓新之弊等因查癸巳甲午

乙未各年分商欠除奴才嚴催追繳外尚未完部

項銀四十一萬六千七百餘兩內務府參價備

貢等銀三十萬六千餘兩若俟全數追齊解清

六七五　粵海關監督彭年奏折

報解關稅盈餘銀兩數目
(道光十四年九月二十五日)

方行起解未免有稽時日督不敢拘泥仍一面
嚴行督催先將丙申年分徵存稅銀一百九萬
四千三百五十一兩二錢二分二釐謹按款備
具文批於道光十四年九月二十五日起委員
分批陸續解赴户部造辦處廣儲司分别交納
並恭疏
題報外謹將丙申年分關稅收支存解款項先行
按款起解及商欠數目緣由繕摺具
奏伏乞

六七五　粤海關監督彭年奏折

報解關稅盈餘銀兩數目

（道光十四年九月二十五日）

皇上聖鑒謹

奏

該部院知道

道光十四年九月　二十五　日

六七六　内閣奉上諭

著兩廣總督盧坤嚴查番船販賣鴉片及漏税(道光十四年十月初三日)

道光十四年十月初三日内閣奉
上諭盧坤等奏查明番船販賣鴉片及查辦情形一
摺廣東夷船私帶鴉片多在外洋售賣即有内地
匪徒勾串販運經盧坤等嚴飭舟師將在洋停泊
夷船隨時催令開行並禁民船蛋艇與夷船交易
嚴拏走私土棍各等情但洋面衆船聚集之時難
分玉石惟有於各國商船回帆以後查明如有在
洋躉私船隻即調集水師大加兵威嚴行驅逐仍
飭令該管將弁派撥巡船二隻在夷船灣泊洋面
常川巡查一切民蛋艇隻均不許攏近夷船私相

六七六　内閣奉上諭　著兩廣總督盧坤嚴查番船販賣鴉片及漏稅(道光十四年十月初三日)

交易以杜接濟倘有土棍駕駛快艇向夷船興販
鴉片烟及私買貨物即查拏解究從重治罪並責成
内河營縣派撥巡船在各海口及一切通海港汊
分定段落晝夜輪流巡緝如有奸販偷越進出即
行拏解各關口一體實力嚴查無論外海内河拏
獲走私漏稅人贓船艇即照例奏請分別獎勵倘
員弁疎于查緝或兵役得規故縱除兵役照例治
罪外將該管官從嚴參辦仍飭地方官訪拏開設
窰口土棍查抄嚴懲如不認真辦理別經發覺從
重參處並令洋商傳諭嘆咭唎夷商互相查察如

六七六　内閣奉上諭 著兩廣總督盧坤嚴查番船販賣鴉片及漏税(道光十四年十月初三日)

有一船偷漏即將衆船一概不准貿易使其彼此自相稽察防閑更爲周密盧坤等遇有此等案情有犯必懲不准姑息更不可日久生懈視爲具文又另片奏夷情惟利是圖其私販已久必不甘心舍棄或伺官兵撤後複來或竄赴他省等語該督等務當嚴加約束外則巡以舟師内則謹防海口使不致行銷無忌亦不致越駛他省總期相機妥辦嚴行禁絶方爲不負委任欽此

六七七　兩廣總督盧坤奉上諭著確查粤商近增私税拖欠夷錢并定章程(道光十四年十月初三日)

軍機大臣　字寄

兩廣總督盧　廣東巡撫祁　傳諭粤海關監

督彭年　道光十四年十月初三日奉

上諭有人奏粤商近增私税拖欠夷錢請定章程杜

絶弊端等語外夷與内地通商本係天朝體恤所

有應納税課果能按額徵取該夷商等自必樂為

輸納日久相安若如所奏近來粤商頗多疲乏官

税之外往往多增私税奸人又於其中關説牟利

層層朘削甚有官商拖欠夷錢盈千累萬以致釀

成衅端是粤商等假託税課名目任意勒索甚至

六七七　兩廣總督盧坤奉上諭

著確查粵商近增私稅拖欠夷錢并定章程(道光十四年十月初三日)

拖欠纍纍該夷商等不堪其擾無怪激生事變即
如本年暎咭唎夷目律勞卑等不遵法度將兵船
闖入內河夷情狡猾惟利是圖未必不因粵商等
多方婪索心有不甘遂爾狡焉思逞若不明定章
程嚴加飭禁何以服夷衆而杜弊端著盧坤等確
切查明倘有前項情弊立即從嚴懲辦毋稍徇隱
並著悉心籌議將如何稽覈之處妥立章程據實
具奏總期夷情悅服而奸商不敢恣其朘削方為
不負委任將此諭知盧坤祁㙐並傳諭彭年知之
欽此遵

六七七　兩廣總督盧坤奉上諭著確查粵商近增私稅拖欠夷錢并定章程(道光十四年十月初三日)

旨寄信前來

六七八　欽差禮部尚書升寅奏折

訪查英船闖入内河已逐出口并夷目在澳門病故（道光十四年十月初三日）

臣升寅臣賽尚阿跪

奏爲遵

旨確查據實奏

聞事竊臣等於九月二十五日接奉

上諭前據盧坤等奏暎咭唎國夷目嘽嘮啤於本年六月内坐載兵船攜眷來粵至省外夷館居住妄遞信函續據馳奏該夷船於八月初五日乘船闖入内河初九日駛至離省六十里之黄浦河面停

六七八　欽差禮部尚書升寅奏折

訪查英船闖入内河已逐出口并夷目在澳門病故(道光十四年十月初三日)

泊等語當降旨諭令斟酌辦理毋貽後患連日未據將辦理情形奏報朕心甚為懸系該國百數十年貿易舊章何以此次不遵且不説明原委該洋商豈無傳聞確見該夷即犬羊成性豈能無故反噬六月間該夷兵船在外洋停泊如有心闖入内河為時尚隔兩月該省豈無防備該夷船豈能偷越海口絕無信息海口以内俱有礮臺何至任其乘潮駛進各礮臺弁兵曾否開礮轟擊該夷船如何放礮隨拒隨行及越過大虎礮臺時該將弁等是否用大礮轟擊抑或全行躲避致令該夷船如

六七八　欽差禮部尚書升寅奏折　訪查英船闖入内河已逐出口并夷目在澳門病故（道光十四年十月初三日）

入無人之境至其於入省水路及大黄滘支河河面並後路長洲崗地方購石堵塞用大小船隻預備火攻該督等是否悉心調撥布置得宜抑係先事疏防臨時籌備着昇寅等暗察邊情明訪輿論將該督等於辦理此案節次情形如何措手及現在夷船停泊内河如何辦理情形詳細查明據實具奏將此由四百里諭令知之欽此嗣於二十九日又奉到回摺片奏

硃批已有旨密飭查訪矣欽此臣等一面督飭司員

六七八　欽差禮部尚書升寅奏折

訪查英船闖入内河已逐出口并夷目在澳門病故（道光十四年十月初三日）

刑部郎中陽金城審辦前案一面派委司員刑部主事白讓卿潛赴澳門附近一帶地方密加查訪詢據該處商民人等告稱此次嘽嘮呷先於六月内乘坐兵船一隻載有番梢一百九十名並攜眷五口在澳門外停泊稱係管理貿易事務該夷目即换船至省外夷館居住維時督臣盧坤因夷商貿易向設有總管公司道光十三年期滿曾經諭令該國另派大班來粤總理至本年該督因公司局散事無專責正在會議

間適聞有該夷兵船來泊不勝駭異當經咨會
水師提督派撥弁師巡邏海口密飭各礮臺弁
嚴加防守不許擅離部曲該夷目旋以信函投
遞該督即與撫臣祁墳等議以夷人未諳例禁
飭商傳諭不准投遞信函而該夷目竟敢聲稱
伊係夷官監督應與總督平行復經該督批飭
洋商等再行曉諭該夷目桀驁如前旋據水師
呈報嘆咭唎又來兵船一隻畨梢亦係一百九
十名同在虎門外洋面停泊該督恐有不虞復

六七八 欽差禮部尚書升寅奏折 訪查英船闖入内河已逐出口并夷目在澳門病故(道光十四年十月初三日)

咨行水師提督及香山協一體加緊瞭防並劄
飭沿海各縣嚴禁一切小艇毋許攏近夷船接
濟另委同知潘尚楫會同廣州協前往夷館面
詢以兵船因何而來及何日開行回國原委該
夷目既未肯説明且擅出告白令各散商不必
以斷絶貿易為慮顯係有心抗衡經該督會同
將軍副都統及海關監督熟商善策照例將伊
貨船暫行封艙並將嘩嘮哩歷次違抗少加懲
抑之故出示曉諭聲明與各散商無涉此外各

六七八　欽差禮部尚書升寅奏折　訪查英船闖入内河已逐出口并夷目在澳門病故(道光十四年十月初三日)

國照常買賣等情原冀該夷翻然悔悟庶有以折服其心詎該夷船於八月初五日乘潮水漲發輙駛風闖進海口各礮臺弁兵攔阻不住開礮轟擊該夷船即施放連環大礮致損壞礮臺隨拒隨行直越過虎門於初九日駛入内河距省六十里黄浦河面停泊此時若非細觀望豈能保其必不跳梁然使輕率舉行又恐激之生變邊釁一開海隅為之騷動該督等即相度形勢因距省二十里之獵德礮臺地方有中流沙

六七八　欽差禮部尚書升寅奏折

訪查英船闖入内河已逐出口并夷目在澳門病故(道光十四年十月初三日)

河可以過其前進之路密派東莞縣購備大石塊裝入大船十二隻橫沉水内用粗大錨纜繫椗兼用木筏竹排全行堵塞另派師船裝載大石前往長洲崗地方塞其後路又調撥弁兵建設木閘守護礮臺豫備大小船百數十隻藏放硝黄柴草購遣水摸百餘名駕駛暗作火攻之計該督等又以内地大黄茶葉磁器絲觔為該國必需之物前於嘉慶十三年及道光九年因該夷滋事封艙旋經籲請復開是該國不能不

六七八 欽差禮部尚書升寅奏折

訪查英船闖入内河已逐出口并夷目在澳門病故（道光十四年十月初三日）

與中華交易之明證且偵知各散商載貨遠來急於銷售趁秋冬北風駛船回歸斷不肯輕擲資本守候誤時自封艙以後各向該夷怨懟現復禁止該國人船隻進口消息不通啤嘮呷内則見逼於同類外則受制於官兵情同阱獸釜魚進退失據該督乘機飭令洋商曉以利害並責其投書擅進兵船放礮回拒如再執拗即行掃蕩示以必燒必剿之勢旋據洋商伍秉鑑盧文錦等禀稱該散商加律治等代為籲懇啤嘮

六七八　欽差禮部尚書升寅奏折

訪查英船闖入内河已逐出口并夷目在澳門病故（道光十四年十月初三日）

呷不敢輕視中華知悔知懼即自將誤闖入口適因官兵放礮伊等害怕亦放礮自護情願修復礮臺來粤亦並無他圖等情供吐明晰請牌下澳該商等復聯名公具保結該督始准給牌仍諭啤嘮呷守候奏奉

諭旨再行飭遵回國隨於八月十九日派撥弁兵將該夷目押逐出口二十四日到澳門守候至九月初九日啤嘮呷病故現葬在三巴門外白鴿巢夷行後園伊所乘坐唉咭唎嘪巡船一隻於

六七八　欽差禮部尚書升寅奏折

訪查英船闖入内河已逐出口并夷目在澳門病故(道光十四年十月初三日)

九月十四日揚帆遠去其嗼吻咭巡船一隻於九月二十三日由銅鼓洋面起椗駕駛移至九洲沙瀝洋面皆抵外洋之境矣現在輿論僉同邊情盡悉所有臣等訪查緣由謹恭摺亦由四百里馳

奏以慰

聖心懸系伏乞

皇上聖鑒謹

奏

六七八　欽差禮部尚書升寅奏折　訪查英船闖入内河已逐出口并夷目在澳門病故(道光十四年十月初三日)

知道了

道光十四年十月初三日

六七九　兩廣總督盧坤奏折

准許英商開艙貿易

(道光十四年十月初三日)

再臣等前因唊咭唎夷目嗶嘮啤擅至省外夷館居住，欲與内地文武衙門文移書信往來，不遵舊制，屢次曉諭，任意執拗，當經照例將該國商船封艙，停止貿易。嗣該夷兵船二隻駛入黄埔内河停泊，又經臣等調派水陸弁兵分路防堵，并檄調外海師船驅逐，聞該夷目畏懼悔罪，籲求放行。據洋商轉據各夷商兩次禀求遵照舊章，請領粤海關牌照，由臣等於八月十九日委員押逐出口，該夷兵船亦即於是日退出，駛

六七九　兩廣總督盧坤奏折

（道光十四年十月初三日）

准許英商開艙貿易

至外洋停泊所有前後辦理情形均經會摺由

驛奏

聞在案該夷目現在澳門寄住極為安靜澳門附近

洋面現飭陽江鎮師船巡查陸路亦飭原派弁

兵鎮靜彈壓地方甚為安謐堪以上紓

宸廑茲據洋商伍敦元等轉據該國散商化林治等

以夷船雲集稟請開艙貿易以便趁此風汛揚

帆回國等情前來臣等查嘆咭唎夷商在粵貿

易均係遵守章程本屬相安無事前此封艙皆

六七九　兩廣總督盧坤奏折
准許英商開艙貿易
(道光十四年十月初三日)

因夷目律勞卑一人之過與衆商無涉該散商等深知律勞卑違抗之非並無一人附和均尚通曉大體自七月十二日封艙以來閱時幾及兩月夷船停泊鹹潮海水之中貨物久貯折耗已屬不少本年該國來粵商船較往年更多重洋遠越數千人仰望

聖朝恩澤買賣沾利未便使衆商停船久候當即會同商議批准開艙照舊貿易仰副

皇上恩威並濟懷柔遠人之至意仍飭洋商傳諭各

六七九　兩廣總督盧坤奏折
準許英商開艙貿易
（道光十四年十月初三日）

夷商總須永遠恪遵法度自能久沾樂利倘有一人違玩即將衆人賣買全行停止俾自相約束奸徒無從播弄至該國公司局散以後一切事宜應歸何人司總以專責成之處臣等現在與粵海關監督會同飭商妥議并將應行整頓章程分別辦理除俟釐定章程另行具奏外所有唤咭唎開艙貿易緣由臣等謹合詞會同粵海關監督臣彭年附片奏

聞伏乞

六七九　兩廣總督盧坤奏折

準許英商開艙貿易

（道光十四年十月初三日）

聖鑒謹

奏

知道了

六八〇　兩廣總督盧坤奏折

遵旨查辦粤海關商欠餉銀情形
（道光十四年十一月初十日）

兩廣總督革職留任臣盧坤跪

奏爲遵

旨查辦粤海關商欠餉銀先將大槩情形恭摺覆

奏仰祈

聖鑒事竊臣於道光十四年十月二十九日閲兵途

次承准軍機大臣字寄道光十四年十月初九

日奉

上諭中祥奏截清新舊關餉已未完銀數移交新任

並查明商欠實在情形一摺據稱粤海關徵收稅

六八〇　兩廣總督盧坤奏折
遵旨查辦粤海關商欠餉銀情形
(道光十四年十一月初十日)

銀向來奏報銀數係就每年應徵數目開報以符
部限各商須俟貨物賣出陸續完繳自道光四年
以後各洋行因攤賠麗泉等四行餉欠夷賬致壬
辰年税餉届限無完奏明分限帶徵十年東生洋
行又復倒閉統計前後倒閉五行餉欠夷欠共二
百六十餘萬兩均歸現開各行攤賠清楚商力轉
輸竭蹶致餉項不能依限全完經該監督疊次勒
限催徵甚至鎖押比追並容加體訪該商等實係
力不能完並非有心延玩現與新任監督商酌辦

六八〇　兩廣總督盧坤奏折

遵旨查辦粵海關商欠餉銀情形

(道光十四年十一月初十日)

理並自請交部嚴議等語關餉催徵起解向有一
定例限該監督中祥自道光九年到任後至今已
閱五年即應體察情形一律催徵隨時設法妥為
辦理若以餉務掣肘爲詞致餉欠夷欠任令各商
輾轉攤賠商力既不得展舒而餉項日歸延宕似
此年復一年課帑虛懸實屬不成事體著盧坤確
切查明商欠實係起自何年因何延宕會同新任
監督彭年悉心妥議將課款如何繳清商力如何
充裕通盤籌畫酌量情形妥立章程設法辦理據

實具奏總期杜絶弊端實與公事有裨方為不負
委任中祥自請嚴議之處俟該督等奏到時再降
諭旨將此諭知盧坤並傳諭彭年知之欽此遵
旨寄信前來臣當即傳諭彭年一體欽遵伏查粤海
關餉稅舊例於一年報滿後閱三個月開徵再
閱三個月奏報徵齊起解嗣於道光十年前督
臣李鴻賓會同前監督中祥奏准改為一年期
滿後即於三個月内交完餉銀較舊例限期更
緊各商自應遵限完繳乃中祥交代時查出各

六八〇　兩廣總督盧坤奏折

遵旨查辦粤海關商欠餉銀情形
（道光十四年十一月初十日）

商未完新舊餉銀殊屬有違例限查向來洋行倒歇有將該商餉欠查辦攤賠之案又壬辰年各商欠餉無完有奏明分年帶徵之案是洋商欠餉尚屬向來所有惟商欠起自何年因何如此延欠事關課項未便延緩隨檄行藩司轉飭署廣州府潘尚楫飭傳總商伍敦元等查詢據稱洋行餉欠夷欠自乾隆四十五年查辦泰和行商顔時瑛等一案為始以後五十七年有吳昭平一案五十九年有石中和一案嘉慶年間

六八〇　兩廣總督盧坤奏折

遵旨查辦粤海關商欠餉銀情形

（道光十四年十一月初十日）

又有沐時芳鄭崇謙等案均係於洋行閉歇後查出欠款或奏設公櫃抽提現商行用代還或由各商分攤歸款道光四年以後麗泉等五行相繼閉歇現商代賠欠項多至二百餘萬兩又值比年洋貨滯銷以致拖欠餉項等語核與中祥原奏尚屬相符查課帑絲毫為重歷來攤賠商欠原所以慎重庫項豈容各商因此藉口轉致徵解稽延且現欠餉項内有已准户部咨催起解之款尤屬刻不容緩據開各商欠餉數目

六八〇　兩廣總督盧坤奏折

遵旨查辦粤海關商欠餉銀情形
(道光十四年十一月初十日)

與該商等歷次代賠銀數比較有賠項浮於欠項者商人貲本厚薄不齊其中因代賠過多轉致本身無力完餉亦屬實在情形近年因各處歉收洋貨行銷遲滯亦屬共聞共見但餉欠總屬無可寬假急應嚴切催追已經彭年奏明將欠數最多之天寶行商人梁承禧萬源行商人李應桂革去職銜同其餘欠餉各商均勒限三個月完繳現接彭年來函該商等已於奏後完繳過銀十一萬二千八百兩零臣現復咨令將

未完銀兩加緊嚴追勒令於限内掃數全完不准稍有蒂欠倘逾限完不足數即按欠數多寡分别正雜查抄追賠務使帑項均歸有着第以前欠項固應催追此後章程尤宜妥善海關餉銀舊例開徵起解各有三月期限前監督中祥等於道光十年奏裁起解之限原期較舊例更為提早乃自改定新章以後竟無一年全完在各商積欠之多原非因更改章程所致而何以欲速轉遲其病必有所在即攤賠一事由來已

六八〇　兩廣總督盧坤奏折

遵旨查辦粵海關商欠餉銀情形
（道光十四年十一月初十日）

久本爲清釐欠款如因此轉成致欠之由則輾轉挹注亦非所以正本清源查核各商攤賠麗泉等行銀數有賠至六七十萬兩者有僅賠三五萬及數千兩者多寡亦不畫一其何以此軒彼輕有無偏枯亦應妥爲衡量以上各層均須窮原竟委詳察確查方能得其要領且此時商欠勢成積重現任監督雖催辦不遺餘力而新舊並徵辦理益形竭蹶其應如何設法使商力不致日疲餉欠不致懸宕之處統容臣於惠潮

六八〇　兩廣總督盧坤奏折

遵旨查辦粵海關商欠餉銀情形
（道光十四年十一月初十日）

閱兵旋省後會同彭年通盤籌畫酌議章程
奏請
訓示外謹先將查辦大概情形會同粵海關監督彭
年合詞恭摺具
奏伏乞
皇上聖鑒謹
奏
另有旨
道光十四年十一月　初十　日

六八一　兩廣總督盧坤奏折　撤回派赴澳門防範弁兵仍飭水陸各員弁實力巡防(道光十四年十一月初十日)

再該夷目啤嘮啤自押遂出口以後寄居澳門兵船停泊外洋茲據澳門同知等禀報啤嘮啤於九月初九日因病身故所有載送啤嘮啤来粤之兵船一隻已於十四日開行回國其嗶叻啱兵船一隻尚在外洋停泊查該夷護貨兵船向來與貨船同回此時該國商船次第回帆該兵船自必不久開行現在地方極為安静臣已將派赴澳門防範弁兵撤回仍咨行署水師提督及各礮臺員弁實力巡防不得以夷船已去

稍涉懈弛臣擬於本月望間出省閲兵親往虎門一帶各礮臺逐一查勘如有應行更定事宜即行籌議俟新任提督到粤會同商辦至𠺕咭唎與内地通市誠如
聖諭必須有統攝之人專理其事而經理又必須經紀中人如從前之大班等類方可與内地洋商交易臣已飭洋商伍敦元等傳諭該國散商寄信回國另派大班来粤管理貿易事宜以符舊制不得仍令夷目前来致如嘩𠳹啤之徒生事

端有碍貿易現復恭録
諭旨飭商傳諭欽遵其粤海關稽查章程亦經臣檢
查歷次舊章及應須添設事宜咨行監督兩司
會督廣州府查議現任監督彭年持躬端謹心
地真誠毫無虚浮習氣臣與之議論公事深知
政體一切當會同商酌力除積弊以資整頓除
俟諸務議定章程會同撫臣監督具
奏外合併附片奏
聞謹

六八一　兩廣總督盧坤奏折

撤回派赴澳門防範弁兵仍飭水陸各員弁實力巡防(道光十四年十一月初十日)

奏

知道了

六八二　兩廣總督盧坤奏折

英國并無續來兵船仍嚴飭水陸弁兵加意防範(道光十四年十一月)

臣盧坤
臣祁𡊨跪

奏再暎夷在粤貿易商人大班歷在澳門向西洋人賃屋居住本年律嘮啤來粤先在澳門安頓女眷自行進省臣盧坤因該國有兵船二隻停泊外洋傳聞隨後尚有兵船前來恐該夷人懷蓄詭謀當經咨飭文武在澳門內外及附近洋面布置巡邏並曉諭西洋人勿為所惑今據海口探報暎咭唎並無續來兵船其現在兵船二隻僅止番梢三四百名所稱專為保護貨船似

屬可信惟夷情反覆靡定現仍嚴飭水陸船兵加意防範並將督標兵五百名暫行留省以備調遣該國商梢不下數千人載貨遠來躭躭逐利總以貿易為重臣等前於封艙時將事與散商無涉并憐各商航海遠來之意明白曉示衆散商皆以夷目不遵舊章以致停止貿易無不歸咎於律嘮啤一人該夷目孤立無助窮蹙求去是不遵舊制者止夷目一人耳此時各商貨船久泊鹹潮之中耗費已屬不少急於求售斷

六八二 兩廣總督盧坤奏折

英國并無續來兵船仍嚴飭水陸弁兵加意防範(道光十四年十一月)

不任嘩嘮嗶自逞意見致絶貿易惟該公司既散並未復派大班所來管理之夷目又不曉事省會重地未便任由夷官居住雖現在未據該夷商稟請開艙而買賣勢不能斷諸事必須另擇統攝之人唤咭唎與内地向來不通文移似應仍飭洋商令該散商等寄信回國另派大班前來管理方可相安至關口進出稽查全在粤海關監督廉以飭躬嚴以馭下方能懾服諸番近年舊章漸形廢弛亦應秉此釐剔弊端挽回

積習現在新任監督臣彭年已經到任當會同
商酌釐定章程具奏請
旨遵行至水師營伍人材甚少不能得力提督李增
階人極勇敢惟營伍不見整飭昨接其來信病
勢甚重業經請
旨另行簡放俟新任提臣到粵將一切營務海防從
長商辦加意整飭臣盧坤因上年兼理巡撫未
及出省閱兵本年夏間正往校閱又值辦理水
灾未經閱驗擬俟要件料理稍清即親往虎門

一帶查勘各處礮臺情形有無應行更定事宜

酌量辦理奏

聞謹附片具

奏伏乞

聖鑒謹

奏

另有旨

六八三　兩廣總督盧坤奏折

查明洋商并無私增税銀并擬定查辦夷欠章程（道光十四年十二月二十七日）

廣東巡撫臣祁𡎴
兩廣總督革職留任臣盧坤跪
粵海關監督臣彭年

奏為遵
旨查明洋商並無私增稅銀并將查辦夷欠章程恭
摺奏祈
聖鑒事竊臣盧坤於道光十四年十月二十四日香
山縣閲兵途次承准軍機大臣字寄道光十四
年十月初三日奉
上諭有人奏粵商近增私稅拖欠夷錢請定章程杜

六八三　兩廣總督盧坤奏折

查明洋商并無私增稅銀并擬定查辦夷欠章程(道光十四年十二月二十七日)

絶弊端等語外夷與內地通商本係天朝體恤所有應納稅課果能按額徵取該夷商等自必樂為輸納日久相安若如所奏近來粤商頗多疲乏官稅之外往往多增私稅奸人又於其中關說牟利層層朘削甚有官商拖欠夷錢盈千累萬以致釀成衅端是粤商等假託稅課名目任意勒索甚至拖欠纍纍該夷商等不堪其擾無怪激生事變即如本年唤咭唎夷目嘩嘮啤等不遵法度將兵船闌入內河夷情狡獪惟利是圖未必不因粤商等多方婪索心有不甘遂爾狡焉思逞若不明定章

六八三　兩廣總督盧坤奏折

查明洋商并無私增税銀并擬定查辦夷欠章程(道光十四年十二月二十七日)

程嚴加飭禁何以服夷衆而杜弊端著盧坤等確
切查明倘有前項情弊立即從嚴懲辦毋稍徇隱
并著悉心籌議將如何稽覈之處妥立章程據實
具奏總期夷情悦服而奸商不敢恣其朘削方為
不負委任將此諭知盧坤祁𡎴并傳諭彭年知之
欽此遵
旨寄信前來等因當與臣祁𡎴傳諭臣彭年一體欽
遵查粵海關徵收夷税向有船鈔貨税兩項船
鈔則按船隻之大小貨税則分貨物之精粗各

六八三　兩廣總督盧坤奏折

查明洋商并無私增稅銀并擬定查辦夷欠章程(道光十四年十二月二十七日)

項銀數均刊入則例頒發遵行由來已久道光
十一年因𠹭咭唎夷商稟請減輸夷船進口規
銀經前督臣李鴻賓會同臣盧坤酌議將夷人
大小船隻規銀減去十分之二奏奉
諭旨准行維時即有㘵嚂夷商以海關徵收伊國羽
緞等稅多過𠹭咭唎等詞稟控經前督臣移咨
海關查明各項貨稅均係遵照例定銀數徵收
輕重各隨貨物並無浮多偏枯之處批行遵照
該夷商輸服無辭此後亦從無夷人稟控洋商

私增稅餉之案是夷人完納稅餉有减無增雖每年來粤夷船多少不定關餉赢縮靡常而近年徵收餉銀均溢正餘定額夷商之輸納相安此其明證至洋商負欠夷帳自乾隆年間以來即有查辦成案緣商夷交易動輒數百萬夷人往往貨帳未清即乘風帆回國不能逐年截算當洋行開張之時彼此帳目互相牽纏一遇洋商乏本歇業夷欠無力歸償家產亦不敷抵即在衆商名下攤賠分年歸還因其中每有夷商

六八三　兩廣總督盧坤奏折　查明洋商并無私增税銀并擬定查辦夷欠章程（道光十四年十二月二十七日）

圖利私借之項道光十一年前督臣奏定章程
每年商夷交易事畢彼此將有無尾欠結報粤
海關存案遇洋行歇業如有拖欠夷帳查明曾
經具報者照舊分賠未經報明者不准攤賠即
控告亦不申理自十一年以後亦無夷人呈報
洋商尾欠之案其前此來粤之唤咭唎夷目嘩
嘮啤並非買賣商人節次查詢亦無言及洋商
婪索之事且該國貿易散商均以該夷目爲非
無一人聽從附和是其不遵法度似與貿易無

關第商人騖利誠恐其中或有私行浮索及現
在官商有無拖欠夷錢擾累夷人之處當經行
司確查去後兹據署廣東布政使李恩繹署按
察使李振翥轉據署廣州府潘尚楫詳稱夷商
來粤貿易其入口貨物如已賣給洋商者由承
買之商完餉如貨未售賣其船已置貨出口者
由保商收餉完納一切船鈔貨税均係查照則
例由書吏按額核算徵收商人不過代爲完納
無從私增浮索該夷人等在粤貿易已二百餘

六八三　兩廣總督盧坤奏折

查明洋商并無私增稅銀并擬定查辦夷欠章程(道光十四年十二月二十七日)

年則例稅額無不熟悉即如各船規銀係舊例所有道光十一年尚且稟請減輸啲囒國羽緞等貨係照例收稅尚有夷商稟控如果洋商私增稅銀夷人安肯甘心不行告發至商夷交易貨帳遞年新舊接續互有溢缺有洋商拖欠夷人者亦有夷人拖欠洋商者其夷人負欠之項往往該夷人回帆以後不復再來無從索取洋商所欠夷帳遇有歇業無不追賠是欠帳係商夷彼此俱有之事而內地立法追賠祗有夷人

負商從無商人負夷並無擾累現在開張各行
與夷人日逐買賣帳目冗雜有無拖欠無從逐
日清算惟有飭令夷商遵照定章於每年回帆
之時將有無商欠結報以備稽核等情由該司
等查核詳覆前來臣等復加察訪委係實在情
形伏思各國夷人在粵貿易原屬
聖朝懷柔遠人如唤夷應納規銀一據禀求即准核
減我
皇上加恩化外更為至優極渥臣等凡遇干涉外夷

事件總惟力持大體不使稍有逾違而於夷情
所關無不曲加體恤如果洋商婪索擾累必應
從嚴懲辦斷不敢曲徇市獪圖利之私心上負
聖主怙冒海隅之厚澤第就現在情形而論夷商来
粤者日多洋商殷實者無幾疲乏之商藉生理
為轉輸不特不敢私增税項轉有將貨物跌價
賤售取悦夷人招攬買賣夷商藉此取巧奸徒
乘機交結是疲商不惟不能朘削夷人轉有為
夷人挾持之勢夷情狡獪固應使其心悦誠服

六八三　兩廣總督盧坤奏折

查明洋商并無私增税銀并擬定查辦夷欠章程（道光十四年十二月二十七日）

而挾持之端一開交結之風漸長所關更鉅尤宜立法防閑至商欠夷帳向來一經查出即為追賠雖年限稍遲仍全數歸款夷人恃以無恐往往私自借給疲商以圖籠絡漁利迨疲行歇業衆商代為攤賠自數千至數萬數十萬不等每至殷商亦轉為疲乏是拖欠夷錢在夷人尚不致累及虧本在衆商實害切剥膚當此整飭關務誠宜以恤夷昭懷遠之德尤應以恤商為裕課之源各商之私欠固應飭禁諸夷之私借

六八三　兩廣總督盧坤奏折　查明洋商并無私增稅銀并擬定查辦夷欠章程（道光十四年十二月二十七日）

亦應力除臣等現經行司將商夷貿易章程督飭該府縣澈底清釐逐一詳加釐定嚴飭各商公平交易不得於例外私毫浮索擾累夷人亦不得貪圖小利不顧大體并刊刷告示曉諭各國夷商遵照奏定章程每年於回帆時將洋商有無欠帳未清註明銀數商名據實結報粵海關咨會督撫各衙門存案將商欠夷帳勒催歸償如不先行報明即屬私借雖洋行歇業時查出或夷人臨時具禀一概不准追賠仍治該洋

六八三　兩廣總督盧坤奏折

查明洋商并無私增税銀并擬定查辦夷欠章程(道光十四年十二月二十七日)

商以私借夷錢之罪庶夷人無拖欠之虞衆商

蘇攤賠之累關務得以肅清仰副

皇上體恤夷情之至意除將貿易章程俟司詳到日

核議另行具

奏外所有查議緣由臣等謹合詞恭摺具

奏伏乞

皇上聖鑒訓示謹

奏

知道了

道光十四年十二月　二十七　日

六八四　兩廣總督盧坤奏折

酌議并進呈防範貿易夷人章程
(道光十五年正月二十八日)

廣東巡撫臣祁𡎴
兩廣總督革職留任臣盧坤跪
粵海關監督臣彭年

奏爲酌議防範貿易夷人章程恭摺奏祈
聖鑒事竊外洋夷人來粵貿易自乾隆二十五年奏
定防範規條以後嗣於嘉慶十四年道光十一
年經各前督撫臣先後酌議章程奏准遵行立
法已屬周密第奉行日久或竟成具文或漸生
流弊上年𠸄咭唎公司局散該國商人自來貿
易司總無人雖經諭飭該夷商寄信回國仍派
大班來粵管理而現在商多人雜事無統屬必

六八四　兩廣總督盧坤奏折

酌議并進呈防範貿易夷人章程

（道光十五年正月二十八日）

應頒發章程俾資遵守惟時事有今昔之殊且
唊夷公司既散貿易情形與前亦稍有不同除
舊章無須更議各條照舊申明曉諭並將查辦
夷欠嚴拏走私各章程先經專案具奏外尚有
應行酌量增易規條經臣等率同藩臬兩司詳
加籌議肅體制以防逾越嚴交結以杜漢奸謹
出入之防專稽察之責庶防範益昭詳慎仍嚴
飭洋商公平交易各顧大體俾諸番共沾
聖澤咸凜畏懷仰副

皇上綏服遠夷慎重海防至意謹合詞恭摺具
奏並將酌議章程八條另繕清單敬呈
御覽伏乞
皇上聖鑒訓示謹
奏
覽

道光十五年正月　二十八　日

清單

謹將酌議增易防範夷人章程八條敬繕清單

恭呈

御覽

一外夷護貨兵船不准駛入内洋應嚴申禁令并責成舟師防堵也查貿易夷人酌帶兵船自護其貨由來已久向例祇准在外洋停泊俟貨船

六八四　兩廣總督盧坤奏折

酌議并進呈防範貿易夷人章程
(道光十五年正月二十八日)

出口一同回帆不許擅入海口自嘉慶年間以
来漸不恪守舊章上年又有闖入海口之事雖
該夷船駛入內河淺水之處毫無能為而防範
總應周密除虎門一帶礮臺現在分別增建移
設添鑄大礮籌備堵禦外應申嚴例禁嗣後各
國護貨兵船如有擅入十字門及虎門各海口
者即將夷商貨船全行封艙停止貿易一面立
時驅逐并責成水師提督凡遇有外夷兵船在
外洋停泊即督飭各礮臺弁兵加意防範并親

督舟師在各海口巡守與礮臺合力防堵弁兵倘有疎懈嚴行糸處務使水陸聲勢聯絡夷船無從闖越

一夷人偷運槍礮及私帶番婦番梢人等至省應責成行商一體稽查也查夷人除隨身攜帶刀劍槍各一件例所不禁外其擅將礮位及鳥槍軍械并番婦人等運帶赴省定例責成關汛兵弁稽查攔截惟關汛固有盤查之責而夷商在省外夷館居住其房屋皆係向行商租賃該商

等耳目切近斷無不知自應一體責令稽察嗣後各國夷人概不准將槍礮軍械及番婦番梢人等運帶至省如有私行運帶者責成粗館行商查阻不許令其入館一面赴地方官呈報如有容留隱匿即將該行商照私通外國例治罪關汛弁兵不行查出仍分别失察故縱從重究處

一夷船引水買辦應由澳門同知給發牌照不准私雇也查澳門同知衙門向設引水十四名遇

夷船行抵虎門外洋應報明該同知令引水帶引進口其夷商在船所需食用等物應用買辦亦由該同知選擇土著殷實之人承充近來每有匪徒在外洋假充引水將夷人貨物誆騙逃走并有匪類詭託買辦之名勾串走私等弊迨事發查拏因該匪徒詭託姓名無從緝究嗣後澳門同知設立引水查明年貌籍貫發給編號印花腰牌造冊報明總督衙門與粤海關存案遇引帶夷船給予印照註明引水船户姓名關

汛驗照放行其無印花腰牌之人夷船不得雇
用至夷船停泊澳門黄埔時所需買辦一體由
該同知給發腰牌在澳門由該同知稽查在黄
埔由番禺縣稽查如夷船違例進出或夷人私
駕小艇在沿海村莊遊行將引水嚴行究處如
有買賣違禁貨物及偷漏税貨買辦不據實稟
報從重治罪
一夷館雇用民人應明定限制也查舊例貿易夷
人除通事買辦外不准雇用民人道光十一年

六八四　兩廣總督盧坤奏折　酌議并進呈防範貿易夷人章程（道光十五年正月二十八日）

奏准夷館看守門户及挑水挑貨人等均由買
辦代雇民人惟愚民鶩利鮮耻且附近省城多
諳曉夷語之人若聽夷人任意雇用難免勾串
作奸自應定以限制并宜專以責成嗣後每夷
館一間無論住居夷人多寡衹准用看門人二
名挑水夫四名夷商一人雇看貨夫一名不許
額外多用其人夫責成夷館買辦代雇買辦責
成通事保充通事責成洋商保充層遞箝制如
有勾串不法惟代雇保充之人是問仍令該管

六八四　兩廣總督盧坤奏折　酌議并進呈防範貿易夷人章程（道光十五年正月二十八日）

行商按月造具各夷商名下買辦人夫名籍清
冊送縣存案隨時稽查其挑貨人夫令通事臨
時散雇事畢遣回至民人受雇為夷商服役之
沙文名目仍永遠禁止倘夷人額外多雇人夫
及私雇沙文服役將通事行商一併治罪
一夷人在內河駛用船隻應分别裁節并禁止不
時閒遊也查夷人入口貿易貨船停泊黄埔其
在省城澳門往来向惟暎咭唎公司船户准坐
駕插旂三板船隻此項三板船身較大上有艙

六八四　兩廣總督盧坤奏折　酌議并進呈防範貿易夷人章程（道光十五年正月二十八日）

板易於夾帶器械及違禁貨物現在公司已散
所有插旂三板船應行裁革至夷人在夷館居
住不准擅自出入嘉慶二十一年前督臣蔣攸
銛任内酌定每月初八十八二十八三日准其
附近遊散一次近年該夷人往往不遵舊章必
須重申禁令嗣後各夷人船到黄埔或在省城
澳門往來通信衹准用無篷小三板船不得再
用插旂三板船隻其小三板經過關口聽候查
驗如有夾帶違禁貨物及礮位器械即行驅逐

六八四　兩廣總督盧坤奏折

酌議并進呈防範貿易夷人章程

（道光十五年正月二十八日）

在館居住夷人衹准於初八十八二十八三日
在附近之花地海幢寺遊散一次每次不得過
十人限申刻回館不准在外住宿飲酒如非應
准出遊日期及同遊至十人以外并赴别處村
落墟市遊蕩將行商通事一併治罪
一夷人具禀事件應一律由洋商轉禀以肅政體
也查外夷與中華書不同文其中間有粗識漢
字者亦不通文義不諳體制具禀事件詞不達
意每多難解并妄用書信混行投遞殊乖政體

且同一夷務或由洋商轉禀或由夷人自禀辦
理亦不畫一嗣後凡夷人具禀事件應一概由
洋商代為據情轉禀不必自具禀詞如係控告
洋商事件或洋商有抑捐不為轉禀之事仍許
夷人自赴地方官衙門禀訴立提洋商訊究
一洋商承保夷船應認派兼用以杜私弊也查夷
船來粵舊例係由各洋商循環輪流具保如有
違法惟保商是問嗣恐輪保有把持之弊凡港
脚夷船均聽其自行投行具保惟現在公司已

六八四　兩廣總督盧坤奏折　酌議并進呈防範貿易夷人章程（道光十五年正月二十八日）

散所來夷船散漫無稽若責令仍照舊例由洋商輪保恐有抑勒之弊而竟任其自行擇保亦難保無勾串情事嗣後夷船到粤照舊聽其自投相信之行爲認保一切交易貨物請牌完税公事均由認保承辦收納餉税查照則例毋許私毫加增仍每船設立派保一人各行挨次輪派專司查察如認保行商與夷人通同舞弊作奸或私增税銀拖欠夷帳責成派保之商據實呈首分別究追派保徇隱察出並究

一夷船在洋私賣稅貨應責成水師查拏并咨沿
海各省稽察也查各國夷船販運貨物來粵理
應入口完納稅鈔由洋商發賣乃該夷船等往
往寄泊外洋進口延緩亦有竟不進口旋即駛
去者不特蔓賣鴉片并恐私銷洋貨臣等每據
稟報即嚴切批行舟師催令進口如不進口立
時驅逐不准逗遛并在各海口分派員弁嚴拏
走私匪徒歷經拏獲出洋販賣鴉片人船究辦
惟粵省與福建江浙天津等省洋面毘連各省

六八四　兩廣總督盧坤奏折

酌議并進呈防範貿易夷人章程
（道光十五年正月二十八日）

奸徒坐駕海船在外洋與夷人私相買賣貨物即從海道運回此等奸販既不由粵省海口出入無從堵拏而洋貨分銷入口漸少於稅餉甚有關係嗣後應責成水師提督督飭舟師在於外洋常川巡邏如有向夷船私賣洋貨商販即行拏解究辦并立定章程無論何省海船置買洋貨一律赴粵海大關請用蓋印執照詳註貨物數目不准私買咨明閩浙各省通行遵照并於各海口嚴行稽查如有海船運回外洋貨物

查無海關印照即屬私貨照例究辦船貨入官

所議俱要務須實力奉行

斷不可不久又成具文也

勉益加勉

六八五　兩廣總督盧坤奏折

遵旨查辦粤海關商欠情形

(道光十五年三月初八日)

兩廣總督革職留任臣盧坤
粤海關監督臣彭年跪

奏爲遵

旨查辦粤海關餉欠將已奉部催緊款及歷年欠項

分别追繳着賠餘欠懇

恩分限帶徵并籌議新餉徵收現銀年清年款以杜

延欠而裕商力恭摺奏祈

聖鑒事竊照前任粤海關監督中祥具奏洋行拖欠

歷年餉項一案奉

旨敕查經臣盧坤將查辦大概情形覆

奏於道光十五年正月初十日承准軍機大臣字

六八五　兩廣總督盧坤奏折

遵旨查辦粤海關商欠情形
(道光十五年三月初八日)

寄奉
上諭盧坤奏查辦粤海關商欠餉銀大概情形一摺
前據中祥奏截清新舊關餉已未完銀數并查明
商欠餉款至二百六十餘萬兩之多當降旨交盧
坤確切查明據實具奏兹據奏稱向來洋行倒歇
有將該商餉欠查辦攤賠之案道光四年以後麗
泉等五行相繼閉歇現商代賠欠項多至二百餘
萬兩又值比年洋貨滯銷以致拖欠餉項核與中
祥所奏尚屬相符關餉催徵起解例有定限不得

六八五　兩廣總督盧坤奏折

遵旨查辦粵海關商欠情形
（道光十五年三月初八日）

藉口攤賠轉致徵解遲延現經該關監督彭年奏
請將欠數最多之商人梁承禧李應桂革去職銜
同其餘欠餉各商均勒限三個月完繳已於具奏
後繳過銀十一萬二千八百兩零所有未完銀兩
仍著上緊嚴追勒令於限内掃數全完不准稍有
蒂欠倘逾限完不足數即按欠數多寡分别正雜
查抄追賠務使帑項均歸有著至前任監督中祥
等於道光十年奏裁起解之限原期較舊例更為
提早乃竟無一年全完何以欲速反遲攤賠本為

清釐欠款如因此轉成致欠之由亦非正本清源
之道各商攤賠之數多寡亦不盡一有無偏枯著
該督詳察確查會同現任監督彭年通盤籌畫設
法妥議章程據實具奏務俾商力不致日疲餉欠
不致懸宕辦理方爲妥善將此諭令知之欽此遵
旨寄信前來等因承准此遵查此案各商未完新舊
正餉及雜款共銀一百三十萬六千六百兩二
錢一分二釐内癸巳甲午乙未三年應徵及帶
徵壬辰年二三兩限已准户部行催起解銀四

六八五　兩廣總督盧坤奏折

遵旨查辦粤海關商欠情形
（道光十五年三月初八日）

十四萬一千一百四十七兩一錢七分八釐丙申丁酉兩年應徵及癸巳等年應解内務府潻價開款等雜項共銀八十六萬五千四百五十三兩三分四釐經臣彭年查明將欠數最多各商奏參勒限催追欽奉

上諭粤海關各商未完新舊餉銀暨雜款至一百三十餘萬兩之多内癸巳甲午乙未三年及帶徵壬辰二三兩限銀兩尤屬刻不可緩之款斷不容藉詞延宕據該監督查明各商欠數自數萬兩至十

六八五　兩廣總督盧坤奏折
遵旨查辦粤海關商欠情形
(道光十五年三月初八日)

餘萬兩不等其天寶行商人梁承禧欠銀四十二
萬餘兩萬源行商人李應桂欠銀三十一萬餘兩
自應勒限嚴追以儆疲玩議叙道員職銜梁承禧
即梁倫樞議叙遊擊職銜李應桂俱著先行革去
職銜同其餘各商均勒限三個月將部帑正款掃
數全完倘逾限無完即行從重分別究辦等因欽
此當即轉飭欽遵旋據該商等陸續繳完銀十
一萬二千八百兩零在案欽奉前因隨會同嚴
切催追嗣届三個月限滿欠項尚未全完查該

商等所欠正雜銀兩内已准部催各款欽奉
諭旨尤屬刻不可緩自應首先追完臣盧坤隨檄行
藩司轉飭廣州府嚴限勒催并將延玩之商查
抄監追復節次嚴檄督催旋據該商等陸續完
繳兹查原欠已准部催銀四十四萬一千一百
四十七兩零據天寶等行商人梁承禧等先後
完繳計共催完銀二十四萬三千零四兩七分
五釐惟萬源行革商李應桂未完銀十九萬五
千七百八十三兩四錢八釐茂生行革商林應

奎未完銀二千三百五十九兩六錢九分五釐
疊次嚴追未據完繳當飭該府縣將李應桂家
產查抄估計所值無多不敷變抵該革商尚有
應解未准部催之歷年正雜各款連前項共計
銀三十一萬四千二百五十三兩一錢七分雖
經收禁比追察其情形實屬無力完繳林應奎
早經革退更屬清款無期而餉項所關斷不容
絲毫無著惟有著落衆商攤賠已據怡和等行
商人伍紹榮等承認將李應桂及林應奎兩行

六八五　兩廣總督盧坤奏折

遵旨查辦粤海關商欠情形

（道光十五年三月初八日）

未完銀兩在於該商等十行名下攤賠歸款是
部催緊款均已追賠有著其丙申年未完正雜
及癸巳等年應解雜款除李應桂名下未完銀
十一萬八千四百六十九兩七錢六分二釐已
歸衆商攤賠外催據各商陸續完繳銀三十五
萬二千五百一十八兩五錢一分三釐尚未完
銀三十九萬四千四百六十四兩七錢五分九
釐據各商以歷年賠累過重現在新餉緊急貨
物滯銷又值夷人公司散局各行利息微薄舊

欠一時實難全數彌補節次稟求寬限并求將
代賠李應桂等欠項接續分限完繳等情查該
商等歷年代賠餉欠夷帳情形臣等前已詳晰
陳奏其因人受累又值洋貨滯銷固屬實情但
餉項緊要豈容以此藉口節經批駁不准而詳
細體察各商實力不能完緣近來洋商殷實者
不過一二家其餘貲本僅敷轉輸向來完納餉
銀多屬挪新掩舊臣彭年到任以來催徵新餉
不遺餘力丁酉年新餉中祥自十四年五月二

六八五　兩廣總督盧坤奏折　遵旨查辦粵海關商欠情形（道光十五年三月初八日）

十六日起至八月二十日卸事止徵銀三萬三千兩零臣接徵至今已徵銀一百五萬九千三百兩零儘徵儘解該商等無項可挪而洋貨又不能暢銷其完繳舊欠皆係竭蹶措辦自上年八月至今六個月之内追完舊欠銀五十餘萬兩實屬筋疲力盡即將該商等全行革退查抄家産變抵亦不敷完欠而新餉無商承辦更於公事窒礙臣等會同通盤籌議餉項固無分新舊而催徵宜衡量重輕前此各商欠餉之由皆

六八五　兩廣總督盧坤奏折

遵旨查辦粤海關商欠情形

（道光十五年三月初八日）

因歷年催徵寬緩所致此時若必責令全完舊
欠勢不能不挪移新餉與其挪掩一時舊欠甫
完新欠復積不若將新餉加緊催徵力杜挪掩
舊欠分限帶繳逐漸清釐庶足以昭核實而絶
弊源并據署藩司李恩繹轉據署廣州府潘尚
楫議詳前來相應仰懇
皇上天恩將各商未完正雜等款銀三十九萬四千
四百六十四兩七錢五分九釐俯准自此次
奏奉

六八五　兩廣總督盧坤奏折　遵旨查辦粤海關商欠情形（道光十五年三月初八日）

諭旨之日起分限五年帶徵全完其怡和等行代賠
李應桂等欠項銀三十一萬六千六百一十二
兩八錢六分五釐自前項五年限滿徵完後再
行分限三年攤賠歸款庶商力稍為展舒而舊
欠均歸有著至道光十年奏裁起解之限本為
徵收現餉起見其奏裁以後無一年全完病在
催徵而不在立法即歷来各商代别行攤賠欠
項亦係不得不然之舉其銀數係各按行用抽
提所以多寡不能畫一並無偏枯此後每年新

餉催徵喫緊則積欠自除夷欠一項現經奏定
章程飭令夷商於出口時結報隨時清釐餉欠
夷欠兩項均無延積之弊則各行無攤賠之累
商力自不致於日疲臣彭年蒙
恩委任監督徵餉係屬專責惟有黽勉催徵臣盧坤
督飭文武嚴拏偷漏匪徒務期從此關餉年清
年款稅項不致短絀仰副
聖主整飭關務至意所有分別查辦緣由謹合詞繕
摺具

六八五　兩廣總督盧坤奏折
遵旨查辦粵海關商欠情形
（道光十五年三月初八日）

奏伏乞
皇上聖鑒訓示謹
奏
戶部議奏

道光十五年三月　　初八　　日

六八六　粤海關監督彭年奏折

報解關税盈餘銀兩數目

（道光十五年八月二十八日）

粤海關監督奴才彭年跪

奏爲恭報起解關税盈餘銀兩數目仰祈

聖鑒事竊照粤海關每年徵收正雜銀兩向於滿關

後六個月

奏報起解道光十年前監督中祥會同前督臣李

鴻賓奏請徵收關税自癸巳年爲始按船完納

年清年款於滿關後三個月徵齊報解經户部

覆准在案兹查關期遞年連閏趱前應徵丁酉

年分關税前監督中祥任内自道光十四年五

六八六 粵海關監督彭年奏折

報解關税盈餘銀兩數目

(道光十五年八月二十八日)

月二十六日起至八月二十日止計兩個月零二十五日大關各口共徵銀一十六萬五千七百二十九兩五分五釐，幷接管任内自八月二十一日起至十五年五月二十五日止計九個月零五日大關各口共徵銀一百二十五萬九千二百一十五兩一錢一分四釐，統計一年期内大關各口共徵銀一百四十二萬四千九百四十四兩一錢六分九釐，業於本年五月關期報滿時將徵收總數恭摺

六八六 粤海關監督彭年奏折

報解關税盈餘銀兩數目
(道光十五年八月二十八日)

奏明在案現當三個月期滿咨請委員過關分批
起解應將收支實數分款造報查丁酉年分共
徵銀一百四十二萬四千九百四十四兩一錢
六分九釐内正羨盈餘銀七十二萬九千七百
三十兩五錢四分二釐除循例支出正項銀四
萬兩銅觔水脚銀三千五百六十四兩移交布
政司庫取有實收送部查核尚存正羨銀六十
八萬六千一百六十六兩五錢四分二釐又雜
羨盈餘銀六十九萬五千二百一十三兩六錢

六八六　粤海關監督彭年奏折
報解關税盈餘銀兩數目
(道光十五年八月二十八日)

二分七釐内除欽奉
諭旨每年撥解内務府廣儲司公用銀三十萬兩又
照例支出通關經費養廉工食及鎔銷折耗等
銀四萬五千四百四十六兩零四分又支出解
交造辦處裁存備貢銀五萬五千兩又動支報
解水脚銀四萬四千五百九十三兩四錢三分
七釐部飯食銀三萬五千一十三兩三錢二分
四釐尚存雜羨銀二十一萬五千一百六十兩
八錢二分六釐共存解部正雜盈餘銀九十萬

一千三百二十七兩三錢六分八釐與照例動支水脚銀四萬四千五百九十三兩四錢三分七釐部飯食銀三萬五千一十三兩三錢二分四釐均應解部歸欵又動支撥解廣儲司公用銀三十萬兩動支造辦處裁存備貢銀五萬五千兩又另欵洋商備繳辦貢銀五萬五千兩均應解内務府歸欵以上共實解户部銀九十八萬九百三十四兩一錢二分九釐實解内務府銀四十一萬兩又另解平餘等銀六千二十八

六八六 粤海關監督彭年奏折
報解關稅盈餘銀兩數目
(道光十五年八月二十八日)

兩六錢四分查此項平餘等銀係遵照户部
奏准於奏銷盈餘摺内按數剔除入於本案報銷
不歸併盈餘項下理合聲明除循例恭疏
題報並按款備具文批於道光十五年八月二十
五日起委員分批陸續解赴户部造辦處廣儲
司分别交納外謹將丁酉年分關稅銀兩收支
存解數目繕摺具陳伏乞
皇上聖鑒謹
奏

六八六　粵海關監督彭年奏折　報解關稅盈餘銀兩數目（道光十五年八月二十八日）

該部院知道

道光十五年八月　二十八　日

六八七　粤海關監督彭年奏折
飭令洋商完繳關税銀兩
(道光十五年八月二十八日)

再本年七月初五日承准户部劄行議覆洋商欠繳癸巳等年未完各款分限三年帶徵革商李應桂等欠繳餉銀俟三年滿後再行分限二年攤賠歸款等因到關咨當即飭令洋商等遵限將應完初限帶徵銀一十三萬一千四百八十八兩二錢五分三釐照數完繳後隨同丁酉年分税餉解京分别歸款合併附片奏

聞謹

奏

該部知道

六八八　兩廣總督鄧廷楨奏折

英船欲進海口飭洋商傳諭不得停泊并開炮驅逐（道光十六年二月初一日）

再道光十五年十一月内有嘆咭唎國遞送書信之港脚烟船欲行進省遞信恐沿途砲臺關口疑慮驅逐由在粵夷商信達洋商轉稟飭行知照經前署督臣祁𡎴查外夷護貨兵船及别項船隻止准在外洋寄椗不准擅入海口此等詭異不經之船未便准其擅入黄埔飭令洋商傳諭不准進口倘該夷不遵法度將船駛至即開砲震懾示以兵威嗣據文武各員稟報瞭見該烟船自伶仃洋開行往内洋行駛將至沙角

洋面沙角砲臺即點放號砲南山鎮遠横擋大
虎各砲臺亦聞聲開砲接應該𡟻船畏懼轉舵
駛出外洋仍至伶仃南灣海面灣泊尚未開行
回國亦不敢進口等情當即會同提臣諭飭水
師將領防範驅逐回國並飭澳門夷目派撥夷
兵在於南灣一帶巡查勿任𡟻船水手人等久
泊滋事並經附片奏
聞在案臣到任後復咨行飭查驅逐務使震懾聲威
遵駛回國勿任玩違兹據署澳門同知郭際清

六八八　兩廣總督鄧廷楨奏折

英船欲進海口飭洋商傳諭不得停泊并開炮驅逐(道光十六年二月初一日)

六八八　兩廣總督鄧廷楨奏折　英船欲進海口飭洋商傳諭不得停泊并開炮驅逐(道光十六年二月初一日)

暨水師提標中軍李賢稟報瞭望烟船自經禁止進口即泊伶仃洋面將船旁車輪及船面所竪烟管全行拆卸收藏船内架起桅檣聞欲回
國不敢違例擅進隨不時差探據引水報稱瞭望該烟船於十六年正月初二日由伶仃洋起椗向萬山外洋東南遠去實已震懾聲威凛遵回國現在瞭望無影等情呈報前來查唉咭唎夷情狡詐此等詭異不經之船非但不宜准其藉詞進口尤不可聽其久泊外洋今經嚴飭驅

六八八　兩廣總督鄧廷楨奏折

英船欲進海口飭洋商傳諭不得停泊并開炮驅逐（道光十六年二月初一日）

逐之後該夷船即震懾聲威不敢擅入撤去烟輪架壁桅檣遵駛回國尚知畏法除仍飭隨時防範外謹會同水師提督臣關天培附片

奏明伏祈

聖鑒謹

奏

知道了

六八九　粤海關監督文祥奏折　接收關税銀數盤核清楚（道光十六年五月初四日）

奴才文祥跪

奏爲恭報接收交代關税銀數盤核清楚仰祈

聖鑒事。竊奴才荷蒙

恩命簡放粤海關監督，業將到任接印日期恭疏

題報並繕摺叩謝

天恩在案。兹查前任監督彭年移交關庫存貯各款

銀兩内，戊戌年分自道光十五年五月二十六

日起連閏至十六年三月二十六日止，計十一

個月零一日，大關各口共征銀一百五十六萬

六八九　粤海關監督文祥奏折

接收關税銀數盤核清楚
(道光十六年五月初四日)

四千三百二十六兩六錢七分四釐内除支銷通關經費及各口已征未解銀五萬三千九百三十四兩一錢二釐洋商未完進口夷税銀一萬四千五百三十六兩三錢九分六釐實存庫銀一百四十九萬五千八百五十六兩一錢七分六釐另存平餘罰料截曠銀四千五百九十四兩七錢九分四釐又另存癸巳年分未經起解雜羡各欵并帶征壬辰年分二限等銀共二萬八十五兩一錢二釐又另存甲午年年分未經

六八九 粤海關監督文祥奏折

接收關税銀數盤核清楚(道光十六年五月初四日)

起解雜羡各款并帶征壬辰年分三限等銀共六萬一千六百一十六兩六錢八分四釐又乙未年分存庫未經起解雜羡各款等銀共十七萬二千一百六十五兩二錢七分四釐又丙申年分存庫未經解部正羡各款等銀共四萬四千三百三十八兩八錢四分九釐又另存丁酉年分未經解部正羡各款等銀共九十六萬二百四十三兩七錢三分九釐以上通共實存在庫銀二百七十五萬八千九百兩六錢一分八

六八九 粤海關監督文祥奏折

接收關税銀數盤核清楚

(道光十六年五月初四日)

釐拏按款查明接收清楚至前督臣盧坤會同

前監督彭年

奏准各洋商癸巳等年分展限帶征初限銀一十三萬一千四百八十八兩二錢五分三釐並各商口未繳參斤變價備貢開款平餘等項共銀四十一萬六千四百九十兩四錢八分三釐俱有認狀存據拏現在勒限嚴催一俟征存隨時搭解除將戊戌年分各洋商未交銀兩拏當按款征齊依限起解歸於該年

六八九　粵海關監督文祥奏折

接收關税銀數盤核清楚

(道光十六年五月初四日)

奏銷案内將征解税銀數目另行具

題其另存癸巳等年分各款銀兩俟移催委員過

關分别陸續起解所有節接收關税銀數盤核

清楚緣由除循例恭疏

題報外理合繕摺具

奏伏乞

皇上聖鑒謹

奏

知道了

道光十六年五月　初四　日

六九〇　粤海關監督文祥奏折

征收關税總數(道光十六年五月二十六日)

奴才文祥跪

奏爲恭報關税一年期滿征收總數仰祈

聖鑒事。竊照粤海關征收正襍銀兩,向例一年期滿,

先將總數

奏明,俟查核支銷確數,另行恭疏具

題,並分款造册,委員觧部。歷年遵照辦理在案。查

粤海關原定正額銀四萬兩,銅斤水脚銀三千

五百六十四兩。又嘉慶四年五月奉户部劄行

欽定粤海關盈餘銀八十五萬五千五百兩,欽遵亦在

案兹查粤海關遞年連閏趱前應征戌戌年分關税自道光十五年五月二十六日起連閏扣至十六年四月二十五日關期報滿止一年期内前監督彭年管理任内經征十一個月零一日督任内接征二十九日兩任合征統計十二個月大關各口共征銀一百六十七萬四千八百五十一兩七錢二分八釐除征足正額銀四萬兩銅斤水脚銀三千五百六十四兩並征足

欽定盈餘銀八十五萬五千五百兩外計多收銀七十

六九〇　粤海關監督文祥奏折

征收關税總數(道光十六年五月二十六日)

七萬五千七百八十七兩七錢二分八釐。伏查粤海關税以進口爲大宗，向來進口貨餉於滿關後六個月征齊，起解洋商新舊挪掩，征解不前。道光十年前監督中祥會同前督臣李鴻賓奏定新章，按船征納，自癸巳年分爲始，年清年款。今計戊戌一年税餉，除催各口征銀十五萬五千九百餘兩，分别解交藩庫、户部，其進出口洋税一百五十一萬八千八百餘兩，各行商按船輸納，全數征收在庫，俟支銷存剩各款，册報齊

六九〇 粵海關監督文祥奏折 征收關稅總數(道光十六年五月二十六日)

全按照新定章程扣至七月期滿即行分批解部比較舊例計早三月合併陳明除將到關船隻及貨物粗細分別造册送部核對外所有關稅一年期滿征收總數理合恭摺具

奏伏乞

皇上聖鑒謹

奏

户部知道

道光十六年五月 二十六 日

六九一 粤海關監督文祥奏折

報解關税盈餘銀兩數目

(道光十六年八月二十六日)

奴才文祥跪

奏爲恭報起解關税盈餘銀兩數目仰祈

聖鑒事竊照粤海關每年徵收正雜銀兩向於滿關

後六個月

奏報起解道光十年前監督中祥會同前督臣李

鴻賓奏請徵收關税自癸巳年爲始按船完納

年清年款於滿關後三個月徵齊報解經户部

覆准在案兹查關期遞年連閏趲前應徵戊戌

年分關税前監督彭年任内自道光十五年五

六九一　粵海關監督文祥奏折 報解關稅盈餘銀兩數目（道光十六年八月二十六日）

月二十六日起連閏至十六年三月二十六日止計十一個月零一日大關各口共徵銀一百六十萬八千二百八十二兩九錢二分四釐㢡接管任内自三月二十七日起至四月二十五日止計二十九日大關各口共徵銀六萬六千五百六十八兩八錢四釐統計一年期内大關各口共徵銀一百六十七萬四千八百五十一兩七錢二分八釐業於本年四月關期報滿時將徵收總數恭摺

六九一　粤海關監督文祥奏折

報解關税盈餘銀兩數目
(道光十六年八月二十六日)

奏明在案現當三個月期滿咨請委員過關分批起解應將收支實數分款造報查戊戌年分共徵銀一百六十七萬四千八百五十一兩七錢二分八釐内正羨盈餘銀八十五萬四千九百六十九兩三錢八釐除循例支出正項銀四萬兩銅觔水脚銀三千五百六十四兩移交藩庫取有實收送部查覈尚存正羨銀八十一萬一千四百五兩三錢八釐又雜羨盈餘銀八十一萬九千八百八十二兩四錢二分内除欽奉

六九一 粵海關監督文祥奏折 報解關税盈餘銀兩數目(道光十六年八月二十六日)

諭旨每年撥解内務府廣儲司公用銀三十萬兩又
照例支出通關經費養廉工食及鎔銷折耗等
銀四萬七千六百六十五兩六錢七分四釐又
支出解交造辦處裁存備貢銀五萬五千兩又
動支報解水脚銀五萬三千二十七兩七錢七
分四釐部飯食銀四萬一千七百六十兩二錢
五分二釐尚存雜羡銀三十二萬二千四百二
十八兩七錢二分共存解部正雜盈餘銀一百
一十三萬三千八百三十四兩二分八釐與照

六九一　粤海關監督文祥奏折　報解關税盈餘銀兩數目（道光十六年八月二十六日）

例動支水脚銀五萬三千二十七兩七錢七分四釐部飯食銀四萬一千七百六十兩二錢五分二釐均應解部歸款又動支撥解廣儲司公用銀三十萬兩動支造辦處裁存備貢銀五萬五千兩又另款洋商備繳辦貢銀五萬五千兩均應解內務府歸款以上共實解户部銀一百二十二萬八千六百二十二兩五分四釐實解內務府銀四十一萬兩又另解平餘等銀六千一百七十四兩六錢七分五釐查此項平餘等

六九一　粤海關監督文祥奏折

報解關税盈餘銀兩數目

(道光十六年八月二十六日)

銀係遵照戶部

奏准於奏銷盈餘摺内按數剔除入於本案報銷

不歸併盈餘項下理合聲明除循例恭疏

題報并按欵備具文批於道光十六年八月二十

五日起委員分批陸續解赴戶部造辦處廣儲

司分别交納外謹將戊戌年分關税銀兩收支

存解數目繕摺具

奏伏乞

皇上聖鑒謹

六九一　粤海關監督文祥奏折
報解關稅盈餘銀兩數目
(道光十六年八月二十六日)

該部院知道
奏

道光十六年八月　二十六　日

六九二　兩廣總督鄧廷楨奏折

酌議杜絶鴉片流弊事宜

(道光十六年十一月二十日)

兩廣總督臣鄧廷楨
廣東巡撫臣祁𡎴
粤海關監督臣文祥跪

奏爲遵

旨籌議杜絶鴉片流弊無論申禁弛禁均須名實相

副恭摺密

奏仰祈

聖鑒事竊臣等先於本年五月間欽奉

諭旨以太常寺少卿許乃濟陳奏鴉片入口請變通

辦理一摺飭令臣等妥議具奏經臣等悉心商

榷酌定章程九條於七月二十七日具

六九二　兩廣總督鄧廷楨奏折

酌議杜絶鴉片流弊事宜

（道光十六年十一月二十日）

奏在案嗣於九月初七日承准軍機大臣字寄奉

上諭據内閣學士朱嶟奏申嚴鴉片例禁並給事中

許球奏敬陳管見各一摺又另片奏嚴治漢奸等

語鴉片煙來自外夷流毒内地例禁綦嚴近日言

者不一或請量爲變通或請仍嚴例禁必須體察

情形通盤籌畫行之久遠無弊方爲妥善著鄧廷

楨等將摺内所奏如販賣之奸民説合之行商包

買之窑口護送之蟹艇賄縱之兵丁嚴密查拏各

情節悉心妥議力塞弊源據實具奏至許球另片

六九二　兩廣總督鄧廷楨奏折
酌議杜絶鴉片流弊事宜
(道光十六年十一月二十日)

所稱洋夷情形是否實有其事亦著一併議奏原
摺片俱著鈔給閲看將此諭知鄧廷楨祁𡊮並傳
諭文祥知之欽此臣等跪誦之下仰見
皇上博采旁蒐循名責實之至意當將鈔發朱嶟許
球各摺片公同閲看謹按朱嶟所陳議論極爲
正大其民者國之本財者民所生數語尤具深
心然惟撮舉大凡而於辦理機宜未經議及許
球之論則有病有藥煩見留心然治内之法似
可施行治外之法尚須斟酌蓋建言者倡論於

六九二 兩廣總督鄧廷楨奏折 酌議杜絕鴉片流弊事宜 (道光十六年十一月二十日)

局外故抵掌較易敷陳當事者肩任於局中則措手宜有分寸知行各别易地皆然除將許球摺片内所指各條詳查端委附片密陳外伏思為政之道不外守經行權二端而皆期於名實相副不求其實而徒爭其名則行權固屬侈談守經亦為虚器果能循舊轍而立收功效又孰肯冒不韙而亟議更張臣等愚昧之見以為當今急務無論申禁弛禁總以杜絕紋銀出洋為第一要義而紋銀之出洋不越乎臣等前摺所

云有從出之地有必出之途從出之地在附近
洋行必出之途在出口要隘數語臣等數月以
來百計訪查盡心擘畫業已派委員弁先後拏
獲蟹艇四隻人犯十餘名截回紋銀二萬兩於
本月初五日恭摺具
奏現仍飭令密爲查緝不許鬆勁如能於本年冬
間將運銀匪船再行破獲一二起則鬼蜮之輩
風鶴皆驚即可漸次跟求以收得尺得寸之效
兹者恭承

六九二 兩廣總督鄧廷楨奏折 酌議杜絶鴉片流弊事宜

（道光十六年十一月二十日）

曌命飭令通盤籌畫務出萬全臣等職有專司責無
旁貸固不敢依違兩可亦不敢膠執一偏竊以
務實而不恤其名變易之方良非得已顧名而
兼責其實求全之術尤在人爲均之力塞弊源
弛禁與否皆可勿論矣抑臣等更有請者竊聞
善獵者不示獸以阱善戰者不輸敵以謀日取
令甲而宣示之曰將以逐躉船也將以拏快蟹
也將以毀窯口也其名則美矣如彼之有備何
我日日而圖之彼日日而備之我之所圖皆在

六九二　兩廣總督鄧廷楨奏折

酌議杜絶鴉片流弊事宜

(道光十六年十一月二十日)

彼所備之中彼之所備轉出我所圖之外此事
之所以無功而詞之所以徒費也方今弛禁之
議並未明奉
諭旨雖外間未必全無知覺而究未見諸明文則禁
止之條依然遵守可否毋須重頒
涣號往復申明或致漢奸巧避罝罦外夷居為奇貨
惟有仰乞
皇上天恩容㤙等同心協力畢精殫誠密布網羅多
購綫索明懲漢奸以威而絶其勾串暗減夷商

六九二　兩廣總督鄧廷楨奏折

酌議杜絶鴉片流弊事宜
（道光十六年十一月二十日）

之利而杜其貪饕總以一年為期相機酌辦如
果小有成效則從此步步喫緊或可漸塞漏巵
不在此時爭執虚名屢勞
宸廑也所有臣等悉心會議緣由是否有當謹合詞
恭摺密
奏伏乞
皇上聖鑒訓示謹
奏
另有旨
道光十六年十一月　二十　日

六九三　兩廣總督鄧廷楨奏折

英國派義律到粤經管夷商事務

（道光十六年十二月十四日）

再照粤東准予外夷各國通商以來惟暎咭唎國生理較大向經該國設有公司派令大二三四班來粤經理貿易其公司夷船每年於七八月間陸續來粤兑換貨物至十二月及次年正二月内出口回國該大班夷商人等於公司夷船出口完竣之後請牌前往澳門居住俟七八月間該國貨船至粤該大班人等復請牌赴省料理此從前歷辦章程也嗣因公司散局大班不來乏人總攝其事經前督臣盧坤奏奉

六九三　兩廣總督鄧廷楨奏折

英國派義律到粵經管夷商事務
(道光十六年十二月十四日)

諭旨即飭洋商令該散商等寄信回國另派大班前
來管理貿易事宜以符舊制等因欽此欽遵飭行
在案兹臣於本年十一月内接據唊夷義律由
澳門傳稟内稱准本國公書特派遠職來粵總
管本國商賈水梢現在商船進口聚集省城黄
埔等處商梢人等多有未悉
天朝法度誠恐滋事稟乞准其赴省管理等情臣以
該夷稟内叙稱遠職似係夷目之稱並非大班
名目該夷現居該國何職來粵是否僅止管束

六九三　兩廣總督鄧廷楨奏折

英國派義律到粤經管夷商事務（道光十六年十二月十四日）

商梢並不經理貿易有無該國文憑均未據詳晰聲明當即委員帶領洋商馳赴澳門會同該管文武確查去後旋據該委員等稟稱遵飭帶去洋商向該夷義律逐一查問據稱義律即嘆㗎係嘆咭唎國四等職於道光十四年秋間附搭巡船到澳經引水具報有案該夷住澳兩載承辦嘆咭唎商船回國船牌簽字現因公司未復並無大班奉該國王命一等大臣信知派伊管理商賈水梢不管貿易並有文憑飭令在省

六九三　兩廣總督鄧廷楨奏折

英國派義律到粵經管夷商事務
(道光十六年十二月十四日)

領事若有商梢滋事不法唯伊是問等語並查明該夷義律攜有一妻一子隨從四人訪之住澳洋夷及各國夷商僉稱義律人極安静並無别故等情稟覆前來臣查暎咭唎國公司散局後大班不來近年夷商回國船牌簽字係該夷義律住澳管理尚稱安分現值該國來船絡繹商梢人等實繁有徒亟資鈴束以期綏静今該夷既領有該國公書文憑派令經管商梢事務雖核與向派大班不符但名異實同總之以夷

馭夷不許別有干預似可量爲變通查照從前
大班來粤章程准其至省照料臣現已諭令該
夷暫居澳門聽候據情入
奏如蒙
恩准臣再行咨令粤海關監督給領紅牌進省以後
住澳住省並照舊章以時往來不准逾期逗遛
致開盤踞之漸臣仍嚴飭該管文武及洋商等
隨時認真防察倘該夷越分妄爲或有勾結漢
奸營私骫法情事立即驅逐回國以絶弊源是

否有當謹附片具

奏伏乞

聖鑒訓示謹

奏

另有旨

六九三　兩廣總督鄧廷楨奏折

英國派義律到粤經管夷商事務
(道光十六年十二月十四日)

六九四　兩廣總督鄧廷楨奉上諭著準義律遵照大班來粤章程至省并循照舊章住澳住省（道光十七年正月十八日）

軍機大臣　字寄
兩廣總督鄧　道光十七年正月十八日奉
上諭據鄧廷楨奏稱噗咭唎國公司散局以後大班
不來上年十一月内該國特派遠職来粤總管本
國前来貿易之商貴水梢等語該國來船絡繹自
應鈐束得人以期綏靜令該夷既領有公書文憑
派令經管商梢事務雖與向派大班名目不同其
爲鈐束則一著准其依照從前大班来粤章程至
省照料並飭令粤海関監督給領紅牌進省以後
住澳住省一切循照舊章不准逾期逗留致開盤

六九四　兩廣總督鄧廷楨奉上諭

著準義律遵照大班來粵章程至省并循照舊章住澳住省(道光十七年正月十八日)

踞之漸該聲等正可藉此責成該夷小心彈壓不准干預洋事仍應嚴飭該管文武及洋商等隨時認真防察倘該夷越分妄爲或有勾結漢奸營私亂法情事立即驅逐回國以絕弊源將此諭令知之欽此遵

旨寄信前來

六九五　兩廣總督鄧廷楨奏折

請恢復十三洋行承商舊例以堵流弊
（道光十七年七月二十九日）

鄧廷楨奏　請復承商舊例　由

奏
旨交議

九月初一日

兩廣總督臣鄧廷楨跪
奏為洋商已敷辦公請復承商舊例用昭限制而
杜流弊恭摺
奏祈
聖鑒事竊照粵東港口准予外夷通商全在行商經

理洋人方克仰副

懷柔保障航海商兼利國社稅課均依賴之于

權務所關迺但從前洋行共有十三家因自

久玩生弊商內即有以新借逋債沿累拖賠于

嘉慶十八年經前監督德慶

奏請設立總商經理行務並酌改遞承新商責

令總散各商聯名保結等因欽奉

上諭核准遵奉在案查亦因務經刑一摺粵東洋商承保

稅餉向來僅憑一二商人保結承充難免拖延疲此

之據久遂此實虧叢累著請照舊所請准乎各

六九五　兩廣總督鄧廷楨奏折

請恢復十三洋行承商舊例以堵流弊

(道光十七年七月二十九日)

外商行中擇身家殷實居心誠篤者選派一二人
令其接充洋行事務俾領衆商公平整頓其所選接
商先行於新商承充遇有選充新商即行責令通商保結
外商公同聯名保結者案係新如有虧退欠所請保
于每年滿關日將商名通行造册送部以備稽考該
部查核准送至部先九年各洋行陸續開歇任聽
怡和等七行不敷經理若照舊延僱以招商所爲
恐責令保結之總商竟敢推諉又經似之弊
通章程
奏聞

六九五　兩廣總督鄧廷楨奏折

請恢復十三洋行承商舊例以堵流弊
（道光十七年七月二十九日）

上諭延隆奏請更定招募新商章程一摺粵省向
設洋行向來止憑一二商保結即准承充自嘉慶
年間查辦之總商經理其選充新商責令總
散各商聯名保結該總商等往往意存推諉以致新
商格於成例不得著充歷年以來夷船日多行商日
少照料難周易滋弊竇自應量為變通著照所
請嗣後如有身家殷實呈請充商者該監督察訪得
實准其暫行試辦一二年果能貿易公平夷商信服
方而餉項不致虧短即照舊例一二商取保著充
其總散各商聯名保結之例著即停止欽此

六九五　兩廣總督鄧廷楨奏折

請恢復十三洋行承商舊例以堵流弊
(道光十七年七月二十九日)

道光[illegible]自是以後缺商遞補至今已復十
三行舊觀且料定廣不足而新充之仁和行
商潘文海試辦已屆五年業經奏准在案部又
孚泰行商易元昌東昌行商羅福泰暨新充
而未列冊達部之安昌行商容有光試辦或屆二
年或逾一年不等其現已勒限一月仍令趕緊
遵照新例出具一二商切實保結咨部著充以
專責成如有逾限之商保結行銷其名仍查
照試辦章程未完分別嚴追實亦懷是制
爭諒實因附之商尤須經久現行延陛

六九五　兩廣總督鄧廷楨奏折

請恢復十三洋行承商舊例以堵流弊
（道光十七年七月二十九日）

奏准新例臣等公同悉心確核有宜于者不宜于
今昔有異查于諸條于捍防難行者甚多
洋行十三家由來已久為額甚多稅銀從無承
亦不用之廣東省前因各行閉歇將本省以楮宜
更通所敷户自行充商發行得實即准其試辦
其作何作別並未改及小民趨利素役設匯漸
增多伊于胡底且商本不清而多親舊家難用
十餘年來役詐出洋雜卽滋事以及走私偷税諸
弊叢生固由外匯因循奸商難保充當後從內
出卽如本年二月拏獲走私匯抵梁亞奇等
案內拟有洋商羅福泰奐記匯郭承名書信因

六九五 兩廣總督鄧廷楨奏折

請恢復十三洋行承商舊例以堵流弊（道光十七年七月二十九日）

六九五　兩廣總督鄧廷楨奏折

請恢復十三洋行承商舊例以堵流弊
（道光十七年七月二十九日）

聖主垂鑒

奏准舊例保商公同出結責成專一本大公

何等慎重新例則虞其式謂招保設一二商

具保遞准承充不知招保設有遲延其誤尚小

若僅一二商出結使如其親戚即可出結濫保則

虧欠纍纍轉為貽誤乃大況向來商欠之案均歷

不敷償於後議將商攤賠今已援為成例亦論

保商與否不實請予議處也至於所賠究所保之

人轉資數難甘招任所保所保之人經累及

生戒心之為患也臣等愚昧之見實係洋商既

六九五　兩廣總督鄧廷楨奏折

請恢復十三洋行承商舊例以堵流弊

（道光十七年七月二十九日）

臣揆諸皇上軫恤之至意，即當明立限制，應請
嗣後十三行洋商遇有歇業或緣事黜退者，方
准隨時招補，此外不得再行濫設。一商亦不必限
年額，亦徒設有名無實，其承商之時，仍請復
歸聯保舊例，責令通同總散各商公同慎選殷
實公正之人，聯名保結，專案咨部，若商無許畀
承推諉之私，以冀其整頓之益，俾得俱循照舊
例一律妥為辦理，如此既不定限制，虛設間而不陞
充商者又恃眾商責有攸歸，保結者亦不能不求殷實，
于以恤商艱而杜朋比之弊，亦不無小補矣。如蒙

六九五　兩廣總督鄧廷楨奏折

請恢復十三洋行承商舊例以堵流弊
（道光十七年七月二十九日）

為整頓商務起見是否有當謹合詞恭摺具
奏伏乞
皇上聖鑒訓示謹
奏
道光十七年九月初四日奉
硃批　[illegible]
七月二十九日

六九六 粤海關監督文祥奏折

報解關税盈餘銀兩數目

(道光十七年八月二十一日)

奏為起解關税盈餘銀兩數目仰祈

聖鑒事竊照粤海關每年征收正雜銀兩向於滿關後六箇月

奏報起解道光十七年五月間經前督臣李

鴻賓奏請征收關税於癸巳年滿始按船隻以歸年清年款於滿關箇月征齊報解經户部

覆准在案兹查關期於年連閏趲前應征乙亥年分關税自道光十六年四月二十六日起至

六九六　粵海關監督文祥奏折
報解關稅盈餘銀兩數目
(道光十七年八月二十一日)

十七年四月二十五日止一年期内大關各口共征銀二百七十八萬九千四百二十四兩三錢二分業於本年四月關期報滿時徵收總數恭摺

奏明當三箇月期滿委員過關分批解應將收支實數分款造報查己亥年分共征銀一百七十八萬九千四百二十四兩三錢二分三釐内正羨盈餘銀九十三萬五千六百九十七兩六錢三分七釐除循例支出正項銀

六九六　粤海關監督文祥奏折
報解關税盈餘銀兩數目
（道光十七年八月二十一日）

四萬兩銅斤水脚銀五千五百六十四兩叁錢
藩庫取有實收送部查核尚存正羨銀八十柒
萬二千一百三十五兩六錢五分七釐又雜羨
盈餘銀八十五萬三千七百二十六兩六錢八
分六釐內除欽奉
諭旨每年撥解內務府廣儲司公用銀三十萬兩
照例支出通關經費養廉工食及鎔銷耗[illegible]
銀一萬八千四十三兩九錢三分七釐又支出
解交造辦處裁存備貢銀五萬五千兩又動支

六九六 粵海關監督文祥奏折

報解關税盈餘銀兩數目

(道光十七年八月二十一日)

報解水脚銀五萬六千九百三十九兩三錢九分一釐部飯食銀四萬四千八百八十八兩七錢八分一釐尚存雜羨銀三十四萬八千八百五十四兩五錢七分七釐共存解部正雜盈餘銀一百二十四萬九百八十八兩二錢一分四釐與照例動支水脚銀五萬六千九百三十九九分一釐部飯食銀四萬四千八百八十兩七錢八分一釐均應解部歸款又動支撥解廣儲司公用銀三十萬兩動支造

存備貢[illegible]五萬五千兩又另款洋商備繳
銀共爲[illegible]千兩均應解內務府歸款以上共實
解戶部銀一百三十四萬二千八百一十六兩
三錢八分六釐實解內務府銀四十一萬兩入
另解平餘等銀六千九百兩八錢查此項平餘
等銀係遵照戶部
奏准於奏銷盈餘摺內按數剔除入於本案報銷
不歸併盈餘項下理合聲明除循例恭疏
題報並按款備具文批於道光十七年八月二十

六九六　粵海關監督文祥奏折

報解關税盈餘銀兩數目

(道光十七年八月二十一日)

六節起委員分批陸續解赴戶部造辦處廣儲司分別交納外謹將己亥年分關税銀兩收支存解數目繕摺具

奏伏乞

皇上聖鑒謹

奏

該衙門知道

道光十七年八月　二十一　日

六九七　内閣奉上諭

著準恢復十三行承商舊例

(道光十七年九月初一日)

道光十七年九月初一日内閣奉
上諭鄧廷楨等奏請復承商舊例一摺粵東洋商自
嘉慶年間設立總商經理其選充新商責令總商
各商聯名保結後因夷船日多行户日少照料難
周易滋弊竇是以量爲變通准以殷户自請充商
暫行試辦停止聯名保結之例兹據該督等查明
現在格補缺商已復舊額足敷辦公自應仍復舊
例以示限制嗣後該商遇有歇業或緣事黜退者
方准隨時格補此外不得無故添設一商亦不必
限年試辦以歸覈實其承商之時責令通關總散

六九七　内閣奉上諭

著準恢復十三行承商舊例
（道光十七年九月初一日）

各商公同慎選殷實公正之人聯名保結專案咨
部著充並著該督等隨時查察毋許該總商等仍
蹈從前推諉壟斷惡習俾保充者務求殷實而走
私漏税諸弊亦責有攸歸以裕課餉而杜奸私該
部知道欽此

六九八　內閣奉上諭　十三行天寶行商人梁承禧欠捐東河工費銀著暫革其職(道光十七年九月初一日)

道光十七年九月初一日內閣奉

上諭鄧廷楨等奏粤商前捐東河工費銀兩展限未繳等語此項捐銀自道光七年起限嗣經該督等復於道光九年奏請展限分年完繳該商等自應按限清款茲據鄧廷楨等查明截至上年仍尚拖欠過半實屬玩延所有捐納訓導職銜天寶行商梁承禧即梁綸樞捐納州同職銜仁和行商潘文海即潘寶書均著將該商等職銜暫行斥革與另案斥革之捐納同知職銜興泰行商嚴啓昌即嚴煥文一併勒限一年嚴追歸款限滿果否完繳再行

分别覈辦餘著照所議辦理欽此

六九八　内閣奉上諭

十三行天寶行商人梁承禧欠捐東河工費銀著暫革其職(道光十七年九月初一日)

六九九　吏科給事中陶士霖奏折

請將囤販吸食鴉片之犯議加重典

(道光十八年四月二十二日)

陶士霖

軍民私食鴉片請加重典由

吏科給事中臣陶士霖跪

奏為軍民私食鴉片風氣日熾請

旨敕下議加重典實限施行以除積痼而蘇民生仰

六九九　吏科給事中陶士霖奏折

請將囤販吸食鴉片之犯議加重典

(道光十八年四月二十二日)

折

聖鑒事竊以鴉片之為物傷人耗財害不勝數

屢奉

嚴旨飭禁自應實力遵行乃軍民等竟不知悛

然而沿海地方沾染此習久即素稱淳樸之鄉

如山西陝甘等省吞吸者在在皆然風氣日著習

更有營兵亦沉溺其中十有八九雖按月取出

結詳報實皆視為具文甚至男婦不分鄉愚

亦因此廢業即就

六九九 吏科給事中陶士霖奏折

請將囤販吸食鴉片之犯議加重典

(道光十八年四月二十二日)

京師而論自奉
命巡城每於深夜出巡偶遇犯夜可疑之人輒從伊
身搜出烟管烟鍋等具此係業經拏獲究辦
者尤屬紛紛相習成風殊堪痛恨且風聞烟土
來自外夷於廣東澳門各口岸發銷烟土
已約三四千萬兩福建廈門江蘇上海直隸
天津各口岸發銷烟土已約共四五千萬兩而
來京船裝貨多用洋米押底以蔽關隘近
年均用烟土押船查洋米收買後已例有明禁

六九九　吏科給事中陶士霖奏折

請將囤販吸食鴉片之犯議加重典

（道光十八年四月二十二日）

然猶以銀易錢，而洋煙紫膏直以土易銀耳。現
在紋銀每兩已值制錢一千六百文之多，而洋土每塊
實值紋銀七八十兩，增值紋銀八十兩有零，此其明驗
矣。該洋面設舟師本以設守支原，令[illegible]巡查，
無奈重賄勾通，明為巡查，實隱為護庇，立法用而
返資所利之所，遂能例禁之難而助也。將來年復
一年，出洋之銀日多，內地之銀日少，市價愈增愈
貴，於小民生計關係匪輕，且恐以為厥蹤流，必
杜其源，厥靡之源必峻之。著查刑部例載興販

六九九　吏科給事中陶士霖奏折

請將囤販吸食鴉片之犯議加重典
（道光十八年四月二十二日）

鴉片蔓延近年罕有擬杖一百徒三年吸食者
如不指出販賣之人照為從問擬等語竊以民間
重犯輕者有破案無之案自無告發而無者大
認罪內法家人依助于文以候拿收開辦而已
是以敢將怙過之無畏心當今之時非識以重
刑不能以挽積重之習但行之太驟迫民於械
不及措又恐或失於苛惟寬以緩法　期予以自新
之路若擬雜之藐之時錯蹈萬無是處自為生成
聖鑒乎

六九九　吏科給事中陶士霖奏折

請將囤販吸食鴉片之犯議加重典（道光十八年四月二十二日）

國憲之重也相應請
旨敕下刑部將囤販吸食鴉片者照例從重議加罪
名並於加罪之後仍令各省以奉到部文之日
為始張貼曉諭仍限半年寬限內犯者照舊
定擬限外犯者即依新定重律辦理如此寬恕
一徹而民各停吸食者日稀銷貨之地勢必不旺
從此出洋之患藉此漸除既可以救民並可
以裕
國矣且巡洋守卡各員役縱之隱匿等積弊清乎

六九九 吏科給事中陶士霖奏折

請將囤販吸食鴉片之犯議加重典

（道光十八年四月二十二日）

現行之例加等擬罪，庶該員等亦不敢徇私，

朝廷之禁令益見嚴密。愚昧之見是否有

當，伏乞

皇上聖鑒。謹

奏。

道光十八年四月廿二日奉

硃批：刑部妥議具奏。欽此。 四月廿二日

七〇〇　廣州將軍德克金布奏折

英船駛泊外洋圖以洋人稽查商務更變舊章已諭驅逐(道光十八年六月二十六日)

兩廣總督臣鄧廷楨
廣州將軍臣德克金布跪
廣東巡撫臣怡良

奏為唊咭唎國巡船駛泊外洋圖以夷目稽查商務更變舊章業已密為防範諭逐回國現在候
風開行緣由恭摺
奏祈
聖鑒事竊照廣東省准與外夷各國通商貿易垂二百年道光十四年間因唊咭唎公司散局大班不來散商漫無約束經前督臣盧坤飭令洋商傳諭該國夷商信知該國王仍派大班前來以

七〇〇 廣州將軍德克金布奏折

英船駛泊外洋圖以洋人稽查商務更變舊章已諭驅逐(道光十八年六月二十六日)

資經理嗣臣鄧廷楨到任於十六年十二月據
該國遣令夷人義律到粵領事當經查明奏奉
諭旨允准在案至今將及兩年該領事義律有事則
來省稟辦無事則下澳居住尚能循分辦事不
敢妄為茲於本年五月二十四日據澳門同知
胡承光及各營縣稟報五月二十一日有嘆咭
唎國嘆嗹巡船一隻并護行呾𠯿吐巡船一隻
駛至銅鼓外洋拋泊當查嘆嗹船載有該國夷
目嗎咃喻一名稱係來粵稽查貿易事務帶有

七〇〇　廣州將軍德克金布奏折

英船駛泊外洋圖以洋人稽查商務更變舊章已諭驅逐(道光十八年六月二十六日)

番婦女婢共三口番梢五百名咀[口羽]唓船帶有
番梢八十名各等情并准水師提督臣關天培
咨同前由臣鄧廷楨以該國既有領事義律在
粤經管貿易何以該夷目嗎咃[口侖]復來查辦情
殊叵測當即分别咨行嚴飭各礮臺舟師認真
戒備巡防一面催令作速開行回國勿任逗遛
隨又先後接據文武稟報該夷目嗎咃[口侖]於是
月二十七日率領番婦女婢駕坐三板船隻前
往澳門該領事義律夷館居住六月初四自澳

七〇〇　廣州將軍德克金布奏折

英船駛泊外洋圖以洋人稽查商務更變舊章已諭驅逐(道光十八年六月二十六日)

獨自轉回銅鼓洋面原船眷口仍留在澳義律
亦己由澳進省 臣鄧廷楨即飭洋商原商伍敦
元盧文蔚往向義律查詢緣由據義律聲稱嗎
吔𠯿係屬該國官目來粤稽查貿易令伊進省
代其呈遞事件懇求免寫稟字并稱既後有事
必須官往傳諭不令洋商經手詰其代呈何事
並不明言義律隨於初九日遣令夷人在城門
外投遞封面並無稟字之夷信一封因其有違
定制當將原封擲還 臣鄧廷楨伏思中外之防

七〇〇 廣州將軍德克金布奏折

英船駛泊外洋圖以洋人稽查商務更變舊章已諭驅逐(道光十八年六月二十六日)

首重體制定例貿易事件均由洋商轉禀不准投遞書函亦從無派官傳諭之事該領事忽求免用禀字有事又欲派官傳諭詰其爲嗎咃𠰻代呈何事一味含糊竟赴城外投遞封無禀字信函謬妄已極在臣一字之更何關輕重惟若任其平行於疆吏即居然敵體於天朝體制攸存豈容遷就隨又遣該原商伍敦元等向義律諭以中外限制綦嚴不得擅圖更易嗎咃𠰻既係夷官尤不得久留粤海該領事應即

七〇〇 廣州將軍德克金布奏折

英船駛泊外洋圖以洋人稽查商務更變舊章已諭驅逐(道光十八年六月二十六日)

傳諭回帆毋稍觀望義律遂於十六日下船而去旋准水師提臣函稱𠸄夷嘆嗹等船二隻拋泊銅鼓洋面今又有從前來粵送信於閏四月内已去之𠸄咭唎吡叻巡船一隻仍帶原驗之番梢一百二十名復行轉回駛攏嘆嗹等船一同寄椗該三船於十三日戌刻自銅鼓向北開行駛至穿鼻洋面停泊測水提臣當派署水師提標參將事副將李賢署水師提標守備周國英帶兵馳赴威遠横檔各礮臺協同原派弁兵

七〇〇　廣州將軍德克金布奏折　英船駛泊外洋圖以洋人稽查商務更變舊章已諭驅逐（道光十八年六月二十六日）

妥排堵截并即親赴海口督辦等因臣等以該
夷船既未退回轉向内駛唤夷律嘮啤前車可
鑒難保其不意圖入口必應從嚴堵遂查虎門
各礮臺前經增修鞏固分安八千斤及七千斤
以下新舊各礮共三百四十六位内威遠横檔
鎮遠三臺共安大中各礮一百二十位對峙水
濆勢成犄角尤為扼要提臣現復派員協防并
親往督辦足資捍衛所有虎門以内進省水路
如扼要之黄埔中流沙烏涌大黄滘以及兩岸

七〇〇 廣州將軍德克金布奏折

英船駛泊外洋圖以洋人稽查商務更變舊章已諭驅逐(道光十八年六月二十六日)

陸路各要隘經臣德克金布臣鄧廷楨先事籌備遴臣怡良到任復會同悉心熟商密派員弁帶兵分投布置鎮靜防範其路通省河港汊各處派撥巡船晝夜梭巡稽察以防奸夷附載三板小船偷越入省至澳門為西洋夷世守重地且嗎吔喻眷口留居其間亦札派香山協縣馳往協同澳門同知併力駐守并密諭西洋夷毋為暎夷所惑一體加意防護以期有備無患至十五日嗎吔喻遣夷人三名徑赴海口水師提

七〇〇　廣州將軍德克金布奏折

英船駛泊外洋圖以洋人稽查商務更變舊章已諭驅逐（道光十八年六月二十六日）

督臣坐船聲稱該夷目令義律在省投遞書信
總督未收求提臣代為呈達提臣當以嗎吔㖮
不遵體制妄冀與
天朝疆吏平行大屬狂悖況夷官又豈能越至內地
稽查事務方今舟師雲集務即趕緊回國免干
嚴譴等語將該夷等拒絕轉回并恐傳語錯誤
飭委副將李賢署守備盧大鉞同赴該夷船以
前言向嗎吔㖮嚴切開諭曉以利害始據嗎吔
㖮回稱遠人未諳

七〇〇 廣州將軍德克金布奏折

英船駛泊外洋圖以洋人稽查商務更變舊章已諭驅逐(道光十八年六月二十六日)

天朝定例是以冒昧有求今既蒙明白指示前信已
可不投便當取眷駛去惟刻下風色不順尚須
候風開行等語該三船隨於十七日開出銅鼓
外洋拋泊二十日嗎咃喻仍坐三板小船隻身
赴澳與其眷口同住意尚安靜准水師提臣節
次函會并據各文武先後稟報前來查嗎咃喻
以一外夷官目敢於傳書抗禮圖變舊章桀驁
殊甚迨經臣鄧廷楨與水師提臣關天培疊以
嚴詞諭逐口內外戒備維嚴該夷且無所施其

七〇〇　廣州將軍德克金布奏折

英船駛泊外洋圖以洋人稽查商務更變舊章已諭驅逐（道光十八年六月二十六日）

跟儞姞稱候風駛回將船開泊銅鼓洋面伊仍往澳居住查通商各國俱係西南外夷其船來須南風去須北風向本如此現在甫交秋令南風猶盛據稱尚須守候順風開行似非支飾惟跡其犬羊之性究未可以恒情測之該夷目是否實係居澳候風攜眷回船返國抑竟別有詭謀臣等未敢稍涉大意現仍飛咨水師提臣一體嚴飭在事文武時刻加意巡防切勿鬆勁致有疎虞以昭慎重一俟北風迅發催令即日駛

七〇〇　廣州將軍德克金布奏折

英船駛泊外洋圖以洋人稽查商務更變舊章已諭驅逐（道光十八年六月二十六日）

回儎敢抗違更肆鴟張即當由驛具

奏照例停止該國買賣認真嚴行驅逐用昭懲創

而戢蠻頑除隨時相機妥辦外所有籌辦緒逐

夷船現俟得風回帆緣由謹會同副都統臣宗

室奕湘臣宗室英隆水師提督臣關天培粵海

關監督臣豫堃合詞恭摺具

奏伏乞

皇上聖鑒訓示再此次密為布置絕未張皇故諸夷

貿易如常閭閻極為安貼堪以仰紓

七〇〇　廣州將軍德克金布奏折

英船駛泊外洋圖以洋人稽查商務更變舊章已諭驅逐(道光十八年六月二十六日)

宸廑合併陳明謹

奏

硃批：另有旨

道光十八年六月　二十六　日

七〇一 兩廣總督鄧廷楨奏折

酌議內地茶葉等貨酌定價值祇準洋人以紋銀購買(道光十八年七月十六日)

廣東巡撫臣怡良
兩廣總督臣鄧廷楨
粵海關監督臣豫堃跪

奏爲遵

旨會議內地茶葉等貨酌定價值祇准外夷以紋銀

購買通盤籌畫實多未愜恭摺密

奏仰祈

聖鑒事。竊臣等承准軍機大臣字寄道光十八年閏

[illegible]

上諭有人奏內地人民不盡皆食鴉片而茶葉大黄

爲外夷必需之物請酌定價值祇准以紋銀

七〇一　兩廣總督鄧廷楨奏折

酌議内地茶葉等貨酌定價值祇準洋人以紋銀購買（道光十八年七月十六日）

交易不准以鴉片及洋貨抵交等語自鴉片流毒中國紋銀出洋之數逐年加增以致銀貴錢賤地丁漕糧鹽課因而交困若不及早防維沕圖籌復將以中國有用之財填海外無窮之壑於國計民生大有關繫所奏似屬可行著鄧廷楨怡良會同豫蕃揣時度勢密計熟籌於復還財用之中隱寓震懾外夷之意其各省出產茶葉大黄地方應如何稽查轉運設立票據歸沿海地方官員兼管及

應如何辦理之處即悉心籌畫妥議章程

叢弊　諒來伊等屬員必以積重難返為詞一味
因循闒茸恐不辦原摺著抄給閱看將此諭知鄧廷
楨怡良並傳諭豫堃知之欽此臣等欽遵將原
奏公同閱看密計熟籌力求復還之方隱寓震
懾之意往返商酌至再至三無如揣勢衡情求
端訊覈抑原奏實有窒礙難行之處不敢不
為我
皇上密陳之伏思紋銀之去由於鴉片之來則欲圖
紋銀之歸源固當立法於茶葉大黃絲斤之去

七〇一 兩廣總督鄧廷楨奏折

酌議內地茶葉等貨酌定價值祇準洋人以紋銀購買(道光十八年七月十六日)

路推查通商外夷約有十餘國內惟嘆咭唎所屬
之港腳暨咪唎堅呂宋嗹國四處向有躉船停
泊外諸國並不敢販鴉煙即此四國之
貿易不十農秀之與洋商交
易
以大呢羽毛等物相抵亦從無以鴉片
易貨之事今因港腳諸國偷漏紋銀欲令其以
紋銀購買茶葉大黃諸物而此外各國別而除
之則兩歧概而同之則無別此其窒礙者一也
港腳諸國誠以鴉片偷漏紋銀矣然其偷漏之

七〇一　兩廣總督鄧廷楨奏折　酌議内地茶葉等貨酌定價值祇準洋人以紋銀購買(道光十八年七月十六日)

道如鼠竊然非公然在內地售賣也今欲令其
以紋銀購置茶黃等貨姑無論奸夷必以外國
不產紋銀藉詞諉卸即使茶黃能制死命
天朝令甲既立該夷不得不遵而奸夷詭計多端或
以帶來番銀在內地易換紋銀交商置貨或在
暎[illegible]唎番餅鎔成大錠改鑄紋銀竊恐涇渭混
[illegible]流之倫為紋銀乃營私耳今令
其以紋銀購買茶黃則彼於入口之時呈報帶
來紋銀若干萬兩出口之時聲稱置貨之外餘

購紋銀若干萬兩仿照准帶洋銀三成回國之例將紋銀帶回本國是從前紋銀出洋猶係巧取此後紋銀出洋竟屬公行矣討議稍疎流弊滋甚此其窒礙者二也又查向來外夷入口之貨五十餘種内地出口之貨二十餘種以茶葉絲斤為大宗每年出洋茶葉自四千萬至五千萬斤絲斤自六七十萬至一二百餘萬斤大黄自數萬至十餘萬斤不等核計價值實已居其大半茶葉大黄絲斤三項令其以紋銀購

七〇一　兩廣總督鄧廷楨奏折

酌議内地茶葉等貨酌定價值祇準洋人以紋銀購買（道光十八年七月十六日）

點查　　之貨與外口之貨兩數抵兌兩
夷人餘賸之貨將無所歸此時為裕財除害起
見原不必為夷人過慮但通商互市其義云何
天朝令典煌煌豈容外夷有所藉口此其窒礙者三
也又查茶葉產自閩皖江西絲斤產自浙江大
黃產自川陝價值高低向俱隨時長落今欲酌
定價值自應從其較貴之價定為教條惟此法
施之夷人則購買與否聽其自便無足計較而
施之内地茶絲各商則出產之區豐歉不一轉

七〇一　兩廣總督鄧廷楨奏折

酌議內地茶葉等貨酌定價值祇準洋人以紋銀購買(道光十八年七月十六日)

運之路旱涝不齊成本重輕因之倍蓰若果官
定之　可以獲利誠為商賈所樂從設若偶值
銷　官定之價轉致成本不貴則貧
懸　本尤虧勢類觸藩所傷匪細
難行　處者四也至若茶葉大黃產自別省率
皆踰嶺而至並非航海而來沿海官員無憑兼
管其自本地販運至粵關津榷稅層遞稽查若
再由出產地方設立票據竊恐徒為不肖官吏
增益陋規而商賈轉多擾累此其窒礙者五也

七〇一 兩廣總督鄧廷楨奏折

酌議内地茶葉等貨酌定價值祇準洋人以紋銀購買(道光十八年七月十六日)

伏查洋商每年呈報出口入口貨物核計價值大率出口之貨多於入口之貨除彼此以貨易貨外遞年夷商尚須找給洋商番銀二三百萬兩至四五百萬兩不等核之稅冊相符所找雖係洋銀而廣東市價每洋銀百兩約補紋銀之色四錢至六兩是洋銀百兩尚可抵紋銀九十三四五兩不等臣等愚昧之見與其虛懸新令徒求復還紋銀之名不如率由舊章猶收歲找番銀之實臣等受

恩恭奉重責任甚專仰蒙

皇上指示機宜更何敢沿襲故常阻撓大計惟稽之

例禁禁之事機目見耳聞較為切近若於此時

意存遷就委曲自全迨至法令旋行則欺蔽之

聖聰罪戾滋重至臣等因此事關涉中外至計是以

會議之頃俱係屏人密商未敢洩漏一字所有

會同籌議緣由謹合詞恭摺密

奏伏祈

七〇一　兩廣總督鄧廷楨奏折

酌議内地茶葉等貨酌定價值祇準洋人以紋銀購買(道光十八年七月十六日)

皇上聖鑒

謹
奏

道光十八年七月　十六　日

七〇二 内閣奉上諭 酌定茶葉大黄價值一折據該督撫奏稱窒礙難行著毋庸議(道光十八年八月二十一日)

道光十八年八月二十一日内閣奉

上諭前據御史周頊奏請酌定茶葉大黄價值衹准外夷以紋銀交易並絲斤出洋一律辦理一摺當降旨令鄧廷楨怡良會同粤海關監督豫堃熟籌妥議具奏茲據該督等奏稱查通商外夷約有十餘國若令以紋銀購買茶葉大黄則彼轉得藉詞於置貨之外餘賸銀兩攜帶出口是紋銀出洋從前猶屬巧取此後竟屬公行並查向來出口之貨茶葉大黄絲斤核計價值居其大半令以銀購買則其餘内地之貨與入口之貨不敷抵兑夷人餘

七〇二 内閣奉上諭 酌定茶葉大黄價值一折據該督撫奏稱窒礙難行著毋庸議(道光十八年八月二十一日)

賸之貨將無所歸至於酌定價值則出產之區轉運之路亦有不齊若官爲定價偶值歉收價貴之年必至官價不敷商本虧折若由出產地方出立票據恐徒爲不肖官吏增益陋規商賈轉多擾累種種窒礙難行所有該御史原奏著毋庸議欽此

七〇三　内閣奉上諭著林則徐堵截粤洋夷船緩議互市及頒行各國檄諭（道光十九年三月十九日）

軍機大臣　字寄

欽差大臣兩江總督林　兩廣總督鄧　廣東巡撫

怡　道光十九年三月十九日奉

上諭林則徐等覆奏堵截粤洋夷船情形請暫緩議

斷互市及頒行各國檄諭等語所見是此次查辦

海口防堵躉船各國夷商業經遵繳煙土自應加

恩准予照常互市以示懷柔所有斷絶茶葉大黄

著暫緩置議其嘆咭唎既有在粤領事及住省夷

人經該大臣等就近諭知辦理應手所有檄諭該

國之處亦著暫緩頒行統俟議定興販吸食各罪

名頒行新例時於善後章程内另行詳細籌議仍
遵前旨擬稿進呈再行頒發將此各諭令知之欽
此遵
旨寄信前來

七〇四 内閣奉上諭

林則徐查辦躉船盡數呈繳烟土所辦可嘉著交部從優議叙(道光十九年三月十九日)

道光十九年三月十九日内閣奉

上諭本日據林則徐等由驛馳奏查辦躉船盡數呈繳煙土一揩所辦可嘉之至躉船私販煙土希圖脱逃經林則徐等截回躉船二十二隻起獲煙土二萬二百八十三箱該夷等畏法自首情尚可原著免其治罪該督等奏請酌賞茶葉之處著照所議辦理至此項煙土爲數甚多俟收繳完竣即查明實在箱數派委明幹員弁解京以憑覈驗林則徐等查辦妥協自應量加獎勵林則徐鄧廷楨著交部從優議叙怡良豫堃關天培著交部議叙欽此

七〇五 大學士穆彰阿奏折

擬定夷人携帶鴉片烟土入口治罪專條（道光十九年五月十三日）

大學士臣穆彰阿等跪

奏為會同定擬夷人攜帶鴉片煙土入口售賣治

罪專條仰祈

聖鑒事道光十九年四月二十九日奉

上諭林則徐等奏夷人帶鴉片煙來內地者請照化

外有犯之例人則正法貨物入官議一專條並聲

時首繳免罪如何酌予限期之處着軍機大臣會

同刑部議奏欽此仰見我

皇上控馭遠夷俾知畏罪自新不犯有司之至意臣

等伏查鴉片煙流毒中國為害日深究其根源

七〇五　大學士穆彰阿奏折

擬定夷人携帶鴉片烟土入口治罪專條(道光十九年五月十三日)

皆由夷船潛入海口希圖售賣獲利以致愚民
被誘吸食寖以成風現經迭奉
諭旨將鴉片煙案犯從嚴定罪以期盡絶根株臣等
業已會議章程具奏奉
旨准行在案其外夷售賣鴉片煙之躉船在粤東者
亦經
欽派大臣會同該督撫設法購獲勒令將煙土全數
繳出銷燬夷人貿易中土均在
聲教之内亦當知所儆畏悛悔於心惟念夷情嗜利
現在雖經嚴辦猶恐將來復蹈故轍非議定治

罪專條尚不足以示懲儆查律載化外人犯罪者並依律擬斷又新例載沿海奸徒開設窯口勾通外夷潛買鴉片煙土囤積發賣者首犯斬立決從犯絞監候各等語臣等議請此後夷人如帶有鴉片煙入口圖賣者為首即照開設窯口例擬斬立決為從同謀者從嚴擬絞立決由該督撫審明確係帶賣鴉片煙首從正犯並無替冒情弊即交該地方官督同該夷人頭目將各犯分別正法起獲煙土全行銷燬其同船之衆是否均係知情亦由該督撫分別酌量懲治

所帶貨物概行入官以杜貪頑而嚴法禁恭候
命下臣等即行知兩廣總督以奉文之日為始予以
一年六箇月限期如於限内自將煙土全數呈
繳者仍免其治罪所有臣等會議緣由理合奏
聞請
旨

七〇五　大學士穆彰阿奏折

擬定夷人携帶鴉片烟土入口治罪專條（道光十九年五月十三日）

夷人帶有鴉片煙入口圖賣者為首照開設窰
口例斬立決為從同謀者絞立決由該督撫審
明確係帶賣鴉片煙首從征犯並無替冒情弊
即交該地方官督同該夷人頭目將各犯分别

七〇五　大學士穆彰阿奏折　擬定夷人携帶鴉片烟土入口治罪專條(道光十九年五月十三日)

正法起獲煙土全行銷燬同船知情之犯由該
督撫酌量懲治所帶貨物槪行入官仍予一年
六箇月限期如於限内自首將煙土全行呈繳
者免其治罪
道光十九年五月　　十三　　日
　　　　　　　　　　　　　　臣穆彰阿
　　　　　　　　　　　　　　臣潘世恩
　　　　　　　　　　　　　　臣王　鼎
　　　　　　　　　　　　　　臣文　慶
奉
旨依議欽此

臣隆文差
臣賽尚阿署
臣祁墳
臣麟魁
臣王植未到任
臣阿勒清阿
臣趙盛奎

七〇五 大學士穆彰阿奏折

擬定夷人携帶鴉片烟土入口治罪專條(道光十九年五月十三日)

七〇六　欽差兩江總督林則徐奏折

虎門銷化烟土現已一律完竣

(道光十九年五月二十五日)

林則徐等　虎门銷化烟土完竣由

与給獎烟商敕稿仝

奏　覽悉文

○

七月十八日

聽21

臣林則徐臣鄧廷楨臣怡良跪

奏為虎门銷化烟土業經核实稽查現已一律完竣恭

摺奏祈

聖鑒事竊臣等欽遵

七〇六　欽差兩江總督林則徐奏折

虎門銷化烟土現已一律完竣

（道光十九年五月二十五日）

諭旨將夷船繳到烟土二萬餘箱在粵銷燬所有核實

杜弊並會督文武大員公同目擊情形已于五月

初二日銷化及半之時先行恭摺會

奏在案嗣是仍照前法破箱過秤將烟土切碎拋

入石池泡以鹽滷燒以石灰浸俟戳化成渣于

退潮時送出大海臣等會督文武員弁逐日到

廠督視稽查其間雖亦有無人夫乘机圍竊而拔夷

員弁多人當將偵察是以當場拏獲之犯前後

共有十餘名均即立予嚴行懲治並有賊匪于竊

烟外所乘夜爬牆鑿箱偷土亦經內外看守各

七〇六 欽差兩江總督林則徐奏折

虎門銷化烟土現已一律完竣

（道光十九年五月二十五日）

員弁巡獲破案亦在嚴審尤當按律重
辦其遠近民人來廠觀看者踏步前後念甚
多益不肅然懼畏並有咪唎堅國之夷商經與
喇咯吱啱嗹等攜帶眷口由澳門乘坐三板向
沙角守口之水師提標遊擊羊英科遞稟求許
入柵瞻視臣等先因欽奉
諭旨兆令在粵夷人共見共聞咸知震讋曾經出示
曉諭是以該夷等遞詞前來且查夷商經等平
素係作正經買賣不販鴉片人所共知因此派
員帶赴池旁使其看明切土搗烟及撒鹽燒灰

七〇六　欽差兩江總督林則徐奏折

虎門銷化烟土現已一律完竣

（道光十九年五月二十五日）

詫法該夷人等咸各一一點頭且皆時時掩鼻

旋至臣等廠前摘帽斂手似以表其畏服之誠

當令通事傳諭該夷等以現在

天朝禁絕鴉片新例極嚴不但爾等素不販賣之人

永遠不可夾帶更須傳諭各國夷人從此專作正經

貿易獲利無窮萬不可冒禁營私自投法網該

夷人等傾耳敬聽俯首輸誠察其情形頗知傾心

向化隨此公同賞給食物歡欣祗領而去至臣等

前

奏烟土名色本只三種曰公班曰白土曰金花近復據經

磅出原箱另有一種小公班每箱計八十個其式樣

七〇六　欽差兩江總督林則徐奏折

虎門銷化烟土現已一律完竣
（道光十九年五月二十五日）

比常行之公斑較小兩間數倍之故每箱斤兩不相上
下每箇用洋布包裹製造亦較精緻訪聞此種在
外国係最上之烟價值極貴是現在所化烟土
竟已四種臣等近日於邸鈔中伏讀
上諭烟膏烟具多已假造其弊不可勝言等因欽此
仰見
聖明務求真實力戒欺矇之至意臣等思惟見欺
辨其偽必須先識其真未知近時各處所拏獲
者皆係何種烟土若以外夷原箱之物互相比較
則真偽似可立辨不至混淆謹將現在四種

七〇六　欽差兩江總督林則徐奏折
虎門銷化烟土現已一律完竣
（道光十九年五月二十五日）

烟土每種各留兩箱可否即將此八箱作為
樣土以蒙
准令解京即委便員搭解並不費力倘亦無須解送
則此時粵東每月俱有各屬拏獲解省驗燬之
烟亦可隨同銷化既除暫存此八箱外計已化烟
土湊合前奏之數共有一萬九千一百七十九箱
二千一百一十九袋其斤兩除去箱袋實共二
百三十七萬六千二百五十四斤截至五月十五
日業已銷化全完斯時萬檥瞭瞰卒免毒
流于四海此次除奸拯溺尤賴法綸嚴立于三章應

七〇六　欽差兩江總督林則徐奏折

虎門銷化烟土現已一律完竣

（道光十九年五月二十五日）

幾作付我

聖主除害保民之至意所有銷化烟土完竣緣由臣

等謹會同水師提督臣關天培粵海關監督臣

豫堃合詞恭摺具

奏伏乞

皇上聖鑒訓示再虎門現在無事臣林則徐亦暫回省城

商辦一切合併聲明謹

奏

道光十九年六月十八日奉

硃批可稱大快人心一事知道了欽此

五月二十五日

七〇七 欽差兩江總督林則徐奏折

巡閱澳門抽查華夷戶口

（道光十九年八月十一日）

林則徐等 巡閱澳門抽查華夷戶口
各事由

奏 〇

九月初五日

鴉34

臣林則徐 臣鄧廷楨跪

奏為會同巡閱澳門抽查華夷戶口傳見西

洋夷目宣示

德威恭摺具

七〇七 欽差兩江總督林則徐奏折

巡閲澳門抽查華夷户口

(道光十九年八月十一日)

奏仰祈

聖鑒事竊照廣東澳門一區在廣州府屬香山縣之
東南距縣治一百二十餘里東西南三面環海
惟北面陸路可達縣城自縣城南行一百二
十里曰前山寨設有海防同知暨前山營都
司駐劄再迤南十五里建有關閘一座駐
兵防守為扼吭拊背要隘出閘即入澳境溯
自前明許西洋夷人賃住歲輸地租五百兩由
香山縣征收澳內疊建夷樓櫛宇相望並建
礮臺六座以防他夷其後西夷自住外

七〇七　欽差兩江總督林則徐奏折

巡閱澳門抽查華夷户口

（道光十九年八月十一日）

餘皆賃給別國夷人居住，而以嘆咭唎國為較多。西夷挈眷而居，歷今三百餘年，踐土食毛，幾與華民無異，雖素稱恭順，不敢妄為，而既與島夷朝夕往來，即難保無牟利營私，借夷務良情。于本年臣林則徐奉

命來粵，與臣鄧廷楨悉意籌商，以籌辦雖在外洋，而澳門實為夷商聚集之所，且其間華夷雜處，漢奸勾串尤易，若不從澳門清源，則內外線索潛通，仍恐滋成弊藪。是以於九月間檄委署佛山同知劉開域、署澳門

七〇七　欽差兩江總督林則徐奏折

巡閱澳門抽查華夷戶口

（道光十九年八月十一日）

日飭署香山縣知縣三福署香山縣
縣丞彭邦晦做照編查保甲之法將通澳
華民一體按戶編查毋許遺漏并諄切諭
夷目按查夷樓各處照額房旋據該員
等查明戶口造冊呈送計華民一千七百七
十二戶男女七千零三十三丁口西洋夷人七百
二十戶男女五千六百一十二丁口暎咭唎國僦
居夷人五十七戶並查明本年收烟之時有暎
夷烟販嚨吐將躉船烟土偷運八箱入澳被西
洋夷目查出將原土押交暎國副領事參

七〇七　欽差兩江總督林則徐奏折

巡閱澳門抽查華夷戶口

（道光十九年八月十一日）

逐一體查，俾又按各該夷目自行約束夷人，啞嗯時零烟土馬頭禁燒，將啞嗯時收監，按照夷法問罪出兵。此外並無存貯烟土甘結，字諭飭臨查面前來。臣等因驅逐嘆國住澳奸夷，由省城移駐香山，遂於七月二十五日自香山起程，二十六日清晨統領將備營弁兵整隊出關。該夷目微嚧嗎吔吵率領夷兵一百名迎於關下，兵總一人戎服佩刀，夷兵肩鳥鎗排列道左，隊内番樂齊作，俟臣等輿衛行過，兵總導領夷兵

七〇七 欽差兩江總督林則徐奏折

(巡閲澳門抽查華夷户口)

(道光十九年八月十一日)

蕃男隨同至新廟夷目噭嗻嗎哋唦具手

版稟謁命之進見該夷免冠曲身意甚恭

謹臣等宣布

恩威申明禁令諭以安分守法不許屯販禁物

不許徇庇奸夷上負

大皇帝撫綏格外之意該夷點頭領會據向

通事稟稱夷人仰沐

天朝豢養二百餘年來保子孫共安樂利中心

感激出乎至誠何敢自外生成有干法紀

現在隨同官憲驅逐賣烟奸夷本屬分內當

七〇七　欽差兩江總督林則徐奏折

巡閲澳門抽查華夷户口
（道光十九年八月十一日）

為之多等語以手捧額步三致謹退出臣等
當即賞以綢扇茶糖並頒賞夷兵牛豕
麵觔數十事番官仍為固辭再辭乃受臣等
即入三巴門經三巴寺關前街娘媽閣至南
灣督率隨員抽查夷樓民居均與冊造
相符其僦住英夷房間自該夷離澳後現
俱關閉屢加訪察自奉聞查辦以後該西洋
夷樓實無存積烟土情事隨由南灣仍回前
山所有經過三巴媽閣南灣各礮俱發一十九
礮詢之澳人稱係該國大禮以示尊敬不種

七〇七　欽差兩江總督林則徐奏折　巡閱澳門抽查華夷户口（道光十九年八月十一日）

岸行兵役率領夷兵送至關閘隨將行撤
回臣等沿途察看不但華民扶老攜幼夾
道歡呼即夷人亦皆疊背摩肩奔趨迎迓
恬熙景象
幬載同深此皆由巡視澳門之實在情形也臣等伏
思夷人心性反覆靡常挾詐懷私乃其所時
有如果悛別服固當撫之以恩若使
微露矜張即當繩之以法此次因查而務使
執法甚嚴澳夷震懾
天威是以信服懇順恆誠而今華夷叢雜最易

七〇七 欽差兩江總督林則徐奏折

巡閱澳門抽查華夷戶口

（道光十九年八月十一日）

因緣為奸居住。每年秋間查照現在編
查之法，飭令澳門同知、香山縣將澳
夷查編一次，造冊通詳，再由督撫兩司
按年輪替前往抽查。如有澳夷屯販禁烟
及庇匿別國奸夷等弊，即行隨時懲
辦，以清奸藪而靖夷情，似于邊徼防維不
無裨益。是否有當，謹合詞恭摺具
奏，伏乞
皇上聖鑒訓示。謹
奏

七〇七 欽差兩江總督林則徐奏折

巡閲澳門抽查華夷户口
（道光十九年八月十一日）

道光十九年九月初五日奉
硃批 欽此

八月十一日

七〇八　英國領事義律面遞澳門同知説帖清折（道光十九年八月十七日）

抄録夷帖清摺

謹將嘆咭唎國領事義律面遞澳門同知説帖

抄録清摺恭呈

御覽

義律接到軍民府大老爺本月十三日轉發大

憲傳諭條款一本爲此恭敬眞實陳覆也

一速將鴉片全數呈繳等諭領事惟得謹報實情

七〇八 英國領事義律面遞澳門同知説帖清折(道光十九年八月十七日)

早經嚴行誡諭本國船隻如有載帶鴉片者令其立即開行則現泊尖沙嘴洋之船隻自不應有一兩鴉片而官憲每時有疑要往查驗暎國船有無裝載或驗各船或查某隻領事自當派令屬官同行搜檢儻若查得實有即將貨物盡行没官領事亦不敢辨駁相阻葢

大皇帝所禁之貨暎咭唎官斷不保護也且若暎咭唎商人自有之船或商友託爲代辦船隻載有鴉片而該商人賣之獲利並不禀明領事以俾

七〇八　英國領事義律面遞澳門同知説帖清折

（道光十九年八月十七日）

咨知官憲即將該商等各夥驅逐領事絕不照
應夫領事願著明義理分別正經貿易盡絕違
禁私賣者故此陳請條例嗣後在粤買賣之唊
咭唎商人務當各行夥計逐一簽名共行出結
實心定意不肯與販賣鴉片稍有相干並不肯
准僱傭者夾帶不敢知其有而縱容之儻毫失
信一經官憲及領事明白訪出自知嚴例隨即
驅逐等意此結呈送領事蓋印連簽轉呈大憲
察核如未出結者不應准其駐粤貿易也又嗣

後每遇唤船來到應須即日由該船主及經紀商人出結明言並未夾帶鴉片現時亦無裝載將來正在内海之際又不肯載有等意分寫漢字唤語合呈領事封印立憑為實轉送官憲察看方准該船開艙貿易如未出結則不應准其開艙也竊想所求惟欽遵

大皇帝之

聖旨如蒙上憲信依領事照此條例辦理則不難分

開正項與違禁貿易者各不相混且遠職如不

七〇八　英國領事義律面遞澳門同知説帖清折（道光十九年八月十七日）

認眞辦事必致自取咎戾未免玷辱已極故必
求實人出結纔肯接收加印也
一交出毆斃林維喜之兇手等諭領事只得再三
陳說誠言曾經秉公嚴審只據得五人酗酒亂
作皆無兇殺之罪此人已見嚴擬其罪而其兇
犯儻經查覺自當一體按照本國律例審辦即
如在本國殺斃英國人民一然定以死罪乃思
當日上岸滋事者多也不獨有英人而亦有咪
唎嘅人混同亂作致使兇手未得發覺令維伏

請大憲再行細訪自可知之領事為唤國官員
不敢玩視或以實情假飾之且經在粵歷年辦
事常存眞心為本省上憲所明知敢請上憲自
證也至此次之案領事自當仍為綜核省察毆
斃者實為何人若能查出果係唤人領事既奉
國主特派公辦事務不敢背命定必認眞照本
國律例審辦恭請官憲在場看視也且萬望大
憲洞明細查俯念難情公議立法嗣後互為查
察案件俾得

七〇八 英國領事義律面遞澳門同知説帖清折(道光十九年八月十七日)

天朝法例及本國章程各得相全則以後每遇似此之案即可循照定例辦理而得永遠承平極爲善妥矣

一躉船與見逐商人均應揚帆回去等諭領事應遵上憲之諭一俟數日之後北風幸吹就可令其開行但其商人十六名之中有吐哂咃咺一人現年幾輕止有十數歲者併有嘶嗱嚾一名兩人皆未販賣鴉片望可姑容留居以昭天朝秉公之至意也

竊思唊咭唎國與
天朝通交歷有二百年來無不承平相安萬望大憲
使其常遠相和不絶在領事奉派遠來供職誠
意仰慕
大皇帝之恩無不恭敬上憲遵奉法度如蒙實全信
依斷不敢絲毫失信也請貴員無庸懷疑遠職
自必仍然勉力察究毆斃林維喜之兇手實係
何人一俟回至尖沙嘴洋面之日即當示知各
人等如能報知何人毆傷致斃實有憑據果係

七〇八 英國領事義律面遞澳門同知説帖清折（道光十九年八月十七日）

嘆國人民即將二千大圓賞給報情之人儻能發覺即當咨會官憲代稟也至見逐之商人望大憲示諭准予回澳致能辦理事件清楚則到澳後六日内不難令其駕駛躉船如數揚帆而去也敬字陳情奉知上澳門軍民府大老爺清

鑒

覽

道光十九年八月十七日

七〇九　内閣奉上諭　英吉利貿易已停止著粤海關年例進貢物品不必多方購求(道光二十年三月初七日)

道光二十年三月初七日奉

上諭現在暎咭唎國貿易業經降旨停止所有粤海關每年例進貢物三次呢羽鐘表等件如有不能齊全之處著該監督即行據實具奏不必多方購求將此傳諭知之欽此

軍機大臣遵

旨傳諭粤海關監督豫堃

七一〇 欽差兩江總督林則徐奏折

請準廣州十三行洋商捐繳三年茶葉行用銀兩作防夷經費(道光二十年四月十三日)

林則徐等

請將附支傳繳洋商捐繳由

奏

○

五月十日

臣林則徐
臣怡良跪

奏為粵省查辦鴉片先後防堵漢奸需費無多查現據洋商等情將茶葉一項向定行用酌撥捐繳三年藉供經費恭摺奏懇

天恩准令捐撥備用仰祈

七一〇　欽差兩江總督林則徐奏折

請准廣州十三行洋商捐繳三年茶葉行用銀兩作防夷經費(道光二十年四月十三日)

聖鑒事竊臣自上年正月間　臣林則徐欽
命至粵與調任督臣鄧廷楨撫臣怡良商辦海口事
件年餘以來所有控制外夷查辦內奸一切機宜
奏蒙
聖謨指授俾臣等秉承有自感刻難名迨斷絕嘆咭
利貿易尤賴
乾斷嚴明是使夷情震懾現該夷尚復強顏延喘以
覬覦外洋詭計譸張特為恫喝而臣等遵奉
諭海防
允其以逸待勞之議更

七一〇　欽差兩江總督林則徐奏折

請準廣州十三行洋商捐繳三年茶葉行用銀兩作防夷經費(道光二十年四月十三日)

示以虛防叵測之心守險設瑕皆可隨機應變查嘆
夷所恃僅到吾船之信祇於吐密華倫兩船而
外復來都嚕嚏吾船一隻其夷官名為嘪啤啦哩
雖據引水探報該船有大礮四十餘門夷兵三
百餘名而在外洋寄椗數旬毫無動靜自
係探聞我師布置嚴密之故惟防堵固有把握
而守望並無定期各口水陸官兵不能遽撤即各
要口雇募兵費皆必豫籌且自上年查辦至今所
費本已不少否則設令夷人以其船烟土來則
嘆緣而嘆國傾了義錢那等噸地潛迴商經

七一〇　欽差兩江總督林則徐奏折

請準廣州十三行洋商捐繳三年茶葉行用銀兩作防夷經費(道光二十年四月十三日)

查吳淞口於是水路扼要隘路設卡自省河至虎
門不使有出入之處並以該處字號驗隨船
乞識而所繳之二萬二百八十三箱分載躉船
二十二隻計每隻躉船煙土即需剝船五十
隻收載船匯毋堆燒之處統令廟宇民房
圍築外牆搭蓋高棚以嚴藏密並派文武員弁
兵等兵役晝夜守以置常防偷漏自二月底至四月初
甫經收畢正在船裝運起解進京旋奉
諭旨即於粵省銷燬當又開挖石池究濬安牆樹柵設
廠燬化浹月以經蔵事其間一切費用力加撙節

七一〇 欽差兩江總督林則徐奏折

請準廣州十三行洋商捐繳三年茶葉行用銀兩作防夷經費(道光二十年四月十三日)

在事者莫不共見共聞即如義律寄居在澳
夷貨不准因而阻攔該國貨船進口並令
奸夷者萬匿而七月間逐出澳門斷其接濟
凡各處要隘口岸亦添派防兵詎義律膽
敢鴟張公然抗敵我軍於九龍山穿鼻洋暨
沙韓官之後復於尖沙嘴偷攻六次傷斃嘆
夷兵無數自此該國貨船寡赴尖沙灣一帶外洋
不敢妄動所需用度尚無虛糜雖
國家經費有常何敢擅行瀆請而年餘支應之款
非捐即墊其有待於歸補者已覺繁多且既

七一〇 欽差兩江總督林則徐奏折 請準廣州十三行洋商捐繳三年茶葉行用銀兩作防夷經費(道光二十年四月十三日)

奉
旨不准通商而該夷仍逗留觀望則所以制其反側
絕其窺伺者更不可不加意圖維即如礮位一
項洋面師船所用必須三四千斤以上而製造
又極精巧於以上抵禦夷礮者可得力若礮臺
所安之礮竟須七八千斤至萬斤以上方能及遠
經臣等節次籌辦頗有眉目容俟詳晰奏
陳其水師戰船之料價值向來本有一定欲
其倍加堅實亦須斟酌變通庶有裨益於海
防然臣等均不敢不悉心區畫而籌措經費實
為首務查粵東通省大小官員養廉因

七一〇　欽差兩江總督林則徐奏折　請準廣州十三行洋商捐繳三年茶葉行用銀兩作防夷經費(道光二十年四月十三日)

奏明攤捐連州軍需乃前次防夷案外銷之
款每年已扣三成計至道光二十六年始能扣
清歸款此時未便再有加捐茲據洋商伍紹榮
盧繼光潘紹光梁承禧謝有仁潘文濤馬佐良
潘文海吳天垣易元昌等呈稱商等服賈海隅安
生樂業仰荷
皇仁優渥捐輸未周上年夷人呈繳鴉片烟土盤運
銷燬其船腳等項所費已多現因𠸄夷桀驁
不馴驅逐防範需用更復不少伏思商等
與夷人交易貨物向無估價每兩各行用

七一〇　欽差兩江總督林則徐奏折

請准廣州十三行洋商捐繳三年茶葉行用銀兩作防夷經費(道光二十年四月十三日)

三分以資辦公今通行公議將茶葉一項應留
行用銀自是年之日為始捐繳三年按卯
解繳洵屬輸誠候撥用等情前來臣等查其
情詞懇切洵為踴躍急公相應仰懇
天恩俯准捐繳以遂其報効之忱如蒙
俞允俟該商等捐繳年限屆滿再行覈明總數
奏懇
恩施量加獎勵所有查辦鴉片案內收烟防夷
一切經費即於此款撥節動支其有不敷
仍由臣等酌量籌捐湊辦再此項捐繳

七一〇 欽差兩江總督林則徐奏折

請準廣州十三行洋商捐繳三年茶葉行用銀兩作防夷經費（道光二十年四月十三日）

即係洋商捐外款而海口一切用費款
爲數雖積屢並懇
天恩免其造冊報部所由外夷實交銷合併
陳明臣等謹合詞恭摺具
奏伏乞
皇上聖鑒訓示謹
奏
道光二十年五月十一日奉
硃批 欽此
四月十三日
65.

七一一 粤海關監督豫堃奏折 報告征收關税總數(道光二十年四月二十一日)

奴才豫堃跪

奏為恭報關税一年期滿徵收總數仰乞

聖鑒事竊查粤海關原定正額銀四萬兩銅斤水脚

銀三千五百六十四兩嘉慶四年五月奉到户

部劄行

欽定盈餘銀八十五萬五千五百兩欽遵在案兹查該

關遞年連閏趲前應徵壬寅年分關税自道光

十九年三月二十六日起至二十年三月二十

五日關期報滿止一年期内大關各口共徵正

雜銀一百一十八萬六千五百五十一兩八錢
五分七釐除徵足正額及銅斤水脚銀四萬三
千五百六十四兩并
欽定盈餘銀八十五萬五千五百兩外計多收銀二十
八萬七千四百八十七兩八錢五分七釐伏查
粤海關税課向以進口夷船為大宗上年收繳
躉烟暎咭唎港脚未奉封港以前進口夷船二
隻咪唎㗖等八處報驗夷船九十一隻較比上
年三月前屆關滿共到夷船一百三十八隻計

徵税銀一百四十四萬八千五百餘兩船數税
數均屬减少相應據實造報至粤海關税餉銀
兩向於滿關六箇月收齊起解嗣於道光十年
前督臣李鴻賓前監督臣中祥
奏定新章將徵收税銀於滿關後三箇月起解今
按新定章程扣算應於六月二十五日起委員
分批起解屆期將解交藩庫并通關一年支銷
存剩各款銀兩核明細數照例具
題除將到關船隻粗細貨物分别造册送部核對

外謹將關税一年期滿徵收總數理合恭摺具
奏伏祈
皇上聖鑒謹
奏

戶部知道

道光二十年四月　二十一　日

七一二　兵部尚書祁寯藻奏折

酌議海防大局(道光二十年七月初二日)

臣祁寯藻臣黄爵滋臣鄧廷楨臣吴文鎔跪

奏為籌議海防大局情形恭摺奏祈

聖鑒事竊維暎夷僻處遠洋蒙我

朝覆載之恩百餘年來通市粤海中國不惜大黄茶

葉絲斤生養該夷而該夷乃以鴉片膏土毒害

中國傷生耗財至此已極我

皇上好生為懷中外一體

特命大臣會同疆臣檄諭禁止嚴法以救民命寬政

以及遠人該夷苟有人心當何如感激愧悔報

七一二 兵部尚書祁寯藻奏折 酌議海防大局(道光二十年七月初二日)

答

天朝乃猶抗不具遵且敢向廣東之九龍山虎門尋

釁是以遵

旨封港斷其貿易該逆夷仍與漢奸相為勾引恃其

船多砲猛乘風出没前此在閩在粤滋擾已露

端倪此次突赴浙洋攻陷定海是其狡焉思逞

不問可知現在浙洋共泊夷船三十餘隻聞粤

洋亦尚有八九隻兼之近日海上傳聞該夷勒

令所轄夷埠代備兵船意圖大舉語雖無據而

犬羊之性稍勝則驕亦未可盡指為恫喝之詞置之不論不議之列以刻下情形而論定海亟須攻剿而南北各省沿海防禦之策宜通籌熟計俾無貽患查各省水師戰船均為捕盜緝奸而設其最大之船面寬僅二丈餘安砲不過十門夷船大者載砲竟有數十門之多彼此相較我船用之於緝捕則有餘用之於攻夷則不足此實在情形也沿海要口甚多語守固以砲臺為要而近口洋面有砲力不能及之處必用大

七一二　兵部尚書祁寯藻奏折

酌議海防大局(道光二十年七月初二日)

船大砲相機轟擊扼其中流然後砲臺得力語
戰則全資船砲濟以兵勇尤須聲勢壯盛衆寡
相敵始出萬全即令定海可以設計克復然以
小船擊大船難保不無傷損究非長策且夷逆
奸詭貪狠欺弱畏强是其本性若不到處被創
豈肯曳尾遠逃此造船鑄砲二者費帑需時計
似迂緩實海防長久最要之策也臣等現就廣
東福建浙江三省計之亟須添造大船六十隻
每船可載大小砲位三四十門其砲位只廣東

尚屬敷用閩浙除現存外應添鑄大砲八千斤
至四千斤者約須二百門分配應用至江蘇山
東直隸奉天各省應添船砲之處亦應一律籌
議船質既大桅舵尤為難購約值每隻須五萬
兩方能工堅料固斷不容稍為剋減以致有名
無實其砲大小牽算每門約須銀三四五百兩
不等通計船砲工費約須銀數百萬兩臣等亦
極知
國家經費有常豈敢輕言添置惟當此逆夷猖獗

之際思衛民弭患之方詎可苟且補苴致他日轉增縻費且以逆夷每年售賣鴉片所取中國之財不下數千萬兩今若用以籌辦戰備所費不敵十分之一彼則内耗外侵此則上損下益權衡輕重利害昭然可否仰懇

皇上天恩勅下廷臣集議籌款施行抑臣等猶有請者各省水師人材甚難非專門之技不足以收功非破格之施不足以勵衆向例總兵由副將保舉堪勝者疊經奉

旨簡用其叅游都守等官例有豫保而無特保嗣後
如有實在熟習洋面情形勇敢有為者可否一
律專摺具保堪勝並於摺内注明該員出力實
蹟以備查核又臣鄧廷楨臣吳文鎔現在名募
水勇泉漳一帶緝拏烟匪頗有小效兹擬加募
多名用資防禦閩省同安馬巷等處其人習水
好鬭與其散而為盜何如聚而為兵且此輩跅
弛之才馭之得宜即可儲水師人材之用閩省
如此他省是否相同應請

七一二　兵部尚書祁寯藻奏折　酌議海防大局(道光二十年七月初二日)

勅下沿海各該督撫酌量辦理亦儲材備用之一端
也臣等目擊情形同深憤激不揣冒昧謹合詞
恭摺具
奏伏乞
皇上聖鑒訓示謹
奏
即有旨

道光二十年七月　初二　日

七一三　粤海關監督豫堃奏折
報解關稅盈餘銀兩數目
(道光二十年七月十二日)

奴才豫堃跪

奏為恭報起解關稅盈餘銀兩數目仰祈
聖鑒事竊照粤海關每年征收正雜銀兩向於滿關
後六箇月
奏報起解道光十年前監督中祥會同前督臣李
鴻賓奏請征收關稅自癸巳年為始按船完納
年清年款於滿關後三箇月征齊報解經户部
覆准在案茲查關期遞年連閏趱前應征壬寅
年分關稅自道光十九年三月二十六日起至

二十年三月二十五日止一年期内大關各口
共征銀一百一十八萬六千五百五十一兩八
錢五分七釐業於本年三月關期報滿時將征
收總數恭摺
奏明在案現當三箇月期滿咨取委員過關分批
起解應將收支實數分款造報查壬寅年分共
征銀一百一十八萬六千五百五十一兩八錢
五分七釐内正羨盈餘銀五十五萬三千三百
六十一兩二分五釐除循例支出正項銀四萬

兩銅斤水脚銀三千五百六十四兩移交藩庫
取有實收送部查核尚存正羨銀五十萬九千
七百九十七兩二分五釐雜羨盈餘銀六十三
萬三千一百九十兩八錢三分二釐内除欽奉
諭旨每年撥解内務府廣儲司公用銀三十萬兩又
照例支出通關經費養廉工食及鎔銷折耗等
銀四萬三千八百九十四兩七錢四分八釐又
支出解交造辦處裁存備貢銀五萬五千兩又
動支報解水脚銀三萬六千四百九十五兩六

七一三　粵海關監督豫堃奏折
報解關稅盈餘銀兩數目
(道光二十年七月十二日)

錢四分四釐部飯食銀二萬八千五百三十三
兩九錢八分九釐尚存雜羨銀一十六萬九千
二百六十六兩四錢五分一釐共存解部正雜
盈餘銀六十七萬九千六十三兩四錢七分六
釐與照例動支水脚銀三萬六千四百九十五
兩六錢四分四釐部飯食銀二萬八千五百三
十三兩九錢八分九釐均應解部歸款又動支
撥解廣儲司公用銀三十萬兩動支造辦處裁
存備貢銀五萬五千兩又另款洋商備繳辦貢

七一三 粤海關監督豫堃奏折 報解關税盈餘銀兩數目（道光二十年七月十二日）

銀五萬五千兩均應解内務府歸款以上共實解户部銀七十四萬四千九十三兩一錢九釐實解内務府銀四十一萬兩又另解平餘等銀四千八百六十七兩一錢八分三釐查此項平餘等銀係遵照户部

奏准歷於每年奏銷盈餘摺内按數剔除入於本案報銷向不歸併盈餘項下理合聲明除循例

恭疏

題報並按款備具文批於道光二十年七月初六

七一三 粵海關監督豫堃奏折

報解關稅盈餘銀兩數目
(道光二十年七月十二日)

日起委員分批陸續解赴户部造辦處廣儲司分別交納外謹將壬寅年分關稅銀兩收支存解數目繕摺具

奏伏乞

皇上聖鑒謹

奏

依議

道光二十年七月　十二　日

七一四　直隸總督琦善奏折　粤洋英船活動情况(道光二十年八月二十五日)

奉　琦善摺　探詢𠸄夷情形

奏　○

旨[illegible]

大學士直隸總督臣琦善跪

奏爲𠸄夷貢道

旨起程南往後來

七一四　直隸總督琦善奏折

粤洋英船活動情況(道光二十年八月二十五日)

旨派臣前往廣東查辦事件謹將探詢該夷情形先行恭摺奏祈

聖鑒事竊查英夷素屬化外各番横恣故凡海外諸部莫不苦其所困

前於本年七月間(該夷)照敖駕駛兵船多隻來至天津仰蒙

聖恩迭頒指示先機臣得藉資領悟隨查有督標右營千總白含章

心(地)細伶俐膽力壯健節經派令前往夷船接遞文字藉便

密探該員並以寸丹隻身來往其間該夷亦頗以其誠樸前行

甚為器重贈以日擡等物均經卻辭不受當其於應接之間或剛

或柔頗能隨機應變甚至故與該夷通事跟役之流佯為戲謔以便

任意談詢到手援翻得以察其隱蹤該夷船身甚固板七八寸大(斤)徹

七一四　直隸總督琦善奏折　粵洋英船活動情況(道光二十年八月二十五日)

不能穿其板片其艙內作人之家均在兩旁層積棉被以備禦戰
時遮護炮然遮攔槍礟至於船身則又係該國產生之油木所
造其性堅實空其質綿軟非杉木等類之比礟攻未能深入而
該夷所帶均係銅礟檢閱礟子亦重至二十八斤此轉爲我軍之
所未有溯查向來破夷之法在攻其船之下層此今則該船出水亦
所已經設有礟位是意在回擊也又有團練水勇穿其船底此
今則自含年親見其操演水者能於水深五六丈處持械投入
海中追時淵又縱躍登舟查已驗頂是意在抵禦也又有縱火
焚燒此今則該夷泊船各自相離數里不肯聯屬寄碇其風帆係

七一四　直隸總督琦善奏折

粵洋英船活動情況（道光二十年八月二十五日）

白布所為帶帶斜離約長不過數丈中間橫貫漆桿藉以撐駛

船身蓬篷易於引火是竟在即無延燒也凡此皆我師沿岸之

長策而該夷所嘗種種創為前此未見樣等備是泥恒成方以圖之執

成法以愚之或反中其詭計未必足以決勝只據其跟役聲稱

閩粵等省擊破之船皆該夷之所謂划子船長不滿三丈除水手

十餘人外僅止容納數人雖經屢次被擊從未見起蹶器械並

緣本船無艙足以並無器械又據該譯律等本年之來竟在乞

恩求請令各款據稱該國借據其在按官海一樣先被轟擊始行回

本國遂不敢進啟因即蜂擁入據其在各省進犇之秘圖窺探

七一四　直隸總督琦善奏折　粤洋英船活動情況（道光二十年八月二十五日）

形勢熟識沙線此蒙
大皇帝恩准所請，該夷則仍感戴無窮；否則將在此歲大肆猖狂。
本年所來各船僅四隻，現在測量水勢，知既有擱淺，其大船不
能駛入，匪特致遠不歸。所派該千總若以為船已來四隻之多，
定後尚有加增。據稱該夷以一國之大，幾年往來洋面，且附近尚
有屬國，皆可調撥，所有各船何止此數各等語，經該千總向臣告稱。
臣思該國既有國王，宜必以理自繩，何以不卑求貿易，乃致應條。
嗣於隨後乘送給食物之便，令該千總復向該夷跟役探詢其詞，
據稱尚不吐露，迨屢相誘，始據該跟役潛向告知：該國王已物故，

七一四　直隸總督琦善奏折

粵洋英船活動情況(道光二十年八月二十五日)

四年無子嗣僅存一女年未及笄即為今之國王該國有大狀
宰輔專管其國之權臣僚另有公所衹須伊等自行商榷不
受約束探其詞意或前此粵省焚燬之煙其中即有該權臣
之物又詢以此女係否適人係稱向來該國女子許嫁聽任自行擇偶
並亦任其自主並稱此女尚有胞妹一人待其改字之後其國或讓
與伊妹掌或讓與他人亦須任其自便是固蠻夷之國犬羊之性
初未知禮義廉恥又安知君臣上下且係年輕弱女尚待擇配
則國非其國亦本不在其疆土當其國權臣之屬衹知謀取
私利更不暇計其公家縱欲橫恣之故壞來傾國之安亦屬固然

七一四　直隸總督琦善奏折

粤洋英船活動情况(道光二十年八月二十五日)

欽惟聖主籌權臣遠慮何嘗不為懷柔字小專在通市又詢以該

夷何不逕在廣東滋鬧乃復遠赴各省揑稱粵海商民因被

查辦急切之甚若果其不該激成以端此寔屬

大皇帝覆天之福該處虎門地方我軍該有礮臺澳門為岸夷

人作居之所彼夷亦復徹防禦自亦便得乖秋將推測其意

似不前傷其同類或以廣東商民與該夷通氣故多因不能

肆其擾害未必非畏該省之防範也是該夷之未被德化同之性

成非

天威未被畏不知不過循順之人而靡為等師究然未能迅速蔵事故

七一四　直隸總督琦善奏折　粤洋英船活動情況(道光二十年八月二十五日)

臣反覆思維，粤東既失計於前，致令有兩浙之定海復失守於

後，恐伏肆荼毒，此時啟釁，貽誤實屬不少，林則徐殊失機宜，冒

昧尤覺悚惶無地，惟有趕緊料理，即遵

旨迅速入都，跪聆

聖訓，俾得有所稟承。謹將探詢暎夷情形先行具

奏，伏乞

皇上聖鑒。謹

奏。

道光二十年八月二十七日奉

硃批：探詢詳明，可嘉之至。另有旨。欽此。

二十五日

七一五　兩廣總督林則徐進呈英國兵船所出漢字説帖（道光二十年）

謹將㖡夷兵船所出漢字説帖鈔録清摺恭呈
御覽
大英國特命水師將帥為通行曉諭事照得粤
東大憲林鄧等因玩視
聖諭相待英人必須秉公謹度輒將住省英國領事
商人等詭譎强逼揑詞誑騙表奏無忌故此大
英國主欽命官憲著伊前往中國海境俾得據
實奏明
御覽致使泰平永承妥務正經貿易且大英國主恭敬

七一五　兩廣總督林則徐進呈英國兵船所出漢字説帖（道光二十年）

皇帝懷柔内地安分良民嚴命本國軍士設使民人
不為抗拒即當凛行保全各人身家産業是則
該民無庸驚懼乃可帶同貨物接濟赴到英師
之營汛定要施恵保護給爾公道價錢也且大
憲林鄧捏詞假奏請奉
皇帝停止英國貿易之諭以致中外千萬良人喫虧
甚重緣此大英國將帥現奉國主諭旨欽遵為
此告示所有内地船隻不准出入粤東省城門
口兼嗣後所指示各口岸亦將不准出入也迨

七一五　兩廣總督林則徐進呈英國兵船所出漢字説帖（道光二十年）

俟英國通商再行無阻本將帥纔給符官印發
檄曉示所應經商之港口也至魚艇悉准日間
出入粵省港口不爲攔截又沿海各邑鄉里商
船亦准往來可赴英國船隻停泊之處貿易無
妨特示

甚屬可惡

七一六　靖逆將軍奕山奏折

遵查各國商船到粤貿易情形
(道光二十一年閏三月初六日)

奴才奕山隆文祁𡎴跪

奏為遵

旨查明恭順各國夷商貿易情形恭摺覆

奏仰祈

聖鑒事竊奴才等未出京之先承准軍機大臣字寄道

光二十一年正月十九日奉

上諭怡良奏接辦粤海關務税課短絀一摺據稱粤

海税課以夷税為大宗本年所到夷船不及十分

之二因各國之船為唤夷攔阻不能進口是以六

七一六　靖逆將軍奕山奏折　遵查各國商船到粤貿易情形（道光二十一年閏三月初六日）

月後正當徵輸暢旺之時轉致短絀等語廣東例
准各國通商其恭順各國自仍照常貿易唤夷强
悍桀驁阻撓各國生計各國豈肯甘心失利著奕
山隆文祁墳於先後抵粤時查明各該國情形果
否怨恨唤夷阻撓生計抑稍有觖望於天朝未能
招徠撫綏以致向隅失業據實具奏將此各諭令
知之欽此欽遵仰見我
皇上懷柔遠人體恤備至𡚁等馳抵粤省連日密加
查訪並咨據撫臣怡良將現在進口各國貿易

七一六　靖逆將軍奕山奏折

遵查各國商船到粵貿易情形

(道光二十一年閏三月初六日)

商船數目查明咨照核辦前來𡚁等詳加查核

緣粵海關務舊章例准通商各國除居住澳門

之小西洋夷人貨船向在澳門卸貨外其餘咪

唎㗂咈嘯哂荷蘭國大小呂宋國嗹㖿啞國嚏

國喘國單鷹國雙鷹國𠹌咭唎國並港脚各國

貨船向例應進黃浦查驗開艙各該國距粵程

途遠近不同每年來船數目約在壹百餘隻貳

百隻不等自二十年三月二十六日起截至六

月初二日止祇到有咪唎㗂國呂宋國貨船拾

七一六　靖逆將軍奕山奏折　遵查各國商船到粤貿易情形（道光二十一年閏三月初六日）

玖隻自是之後並無貨船進口蓋因𠸄夷犯順
駛有兵船來泊粤洋所有各國貿易商船均被
𠸄夷阻撓不得進口𠸄夷强悍桀驁各該國力
不能制阻遏外洋無不同深怨恨迨至本年二
月初六日𠸄夷闖入虎門攻破烏涌卡座夷船
直達黄浦是以向准通商之咪唎㗼國咈㘓哂
國及港脚貨船共肆拾貳隻始得隨後進口代
𠸄夷懇求通商經肾楊芳會同撫臣怡良體察
情形

七一六　靖逆將軍奕山奏折

遵查各國商船到粤貿易情形
(道光二十一年閏三月初六日)

奏明仍准恭順各國照舊通商恭順夷人等無不
欣感共戴
皇仁並不敢觖望於
天朝傳訊各通事所禀亦俱相符現在雖經開艙而
殷實客商均經紛紛遷避商民交易者甚屬寥
寥𭗕等現已出示曉諭令其急速歸來各安生
業與恭順各國照常貿易無須驚疑日來漸次
歸業民情少覺安貼所有遵
旨查明恭順各國現在貿易情形理合恭摺具

七一六　靖逆將軍奕山奏折

遵查各國商船到粵貿易情形

(道光二十一年閏三月初六日)

奏伏乞

皇上聖鑒謹

奏

即有旨

道光二十一年閏三月　初六　日

七一七　靖逆將軍奕山奏折

遵旨曉諭英夷準其通商并籌鑄炮等情
(道光二十一年五月二十六日)

奴才奕山齊慎臣祁𡎴跪

奏為遵

旨曉諭𠸄夷准其稟遵前定章程一體通商並籌備

堵塞省河添鑄礮位及夷人現在情形恭摺具

奏仰祈

聖鑒事竊奴才等於五月十二日接奉

批迴四月十五日奏摺並承准軍機大臣字寄四月

二十九日奉

上諭奕山等奏𠸄夷船隻攻擊省城督兵保護無虞

七一七 靖逆將軍奕山奏折

遵旨曉諭英夷準其通商并籌鑄炮等情
(道光二十一年五月二十六日)

請權宜辦理一摺覽奏均悉㗰夷自我兵兩次擊
退之後計窮勢感併力進攻該夷性等犬羊不值
與之計較況既經懲創已示兵威現經城内居民
紛紛遮稟又據奏稱該夷免冠作禮籲求轉奏乞
恩朕諒汝等不得已之苦衷准令通商該將軍等
惟當嚴諭該夷目立即將各兵船退出外洋繳還
礮臺仍須遵凛前定條例只准照常貿易不准夾
帶違禁烟土倘敢故違斷不寬恕並著將軍等會
同該督撫悉心籌議妥定章程夷性叵測仍當嚴

七一七　靖逆將軍奕山奏折

遵旨曉諭英夷準其通商并籌鑄炮等情（道光二十一年五月二十六日）

密防範不得稍有疎懈俟夷船退後迅將各礮臺及防守要隘等處趕緊修築堅固如英夷露有桀驁情形仍當督兵勦滅不得因已施恩遂諸事任其需索另片奏城外居民房屋多被焚燒著祁塤怡良即派委妥員查明妥為撫卹所有借撥庫貯銀二百八十萬兩著即著落該商分年歸補不得延宕餘著照所擬辦理將此由六百里加緊各諭令知之欽此欽遵寄信前來奴才等跪讀之下感激流涕仰見我

七一七 靖逆將軍奕山奏折

遵旨曉諭英夷準其通商并籌鑄炮等情

(道光二十一年五月二十六日)

皇上仁育義正戢兵安民

覆幬之恩覃敷中外𢡟等當即刊刻告示宣布

德威剴切曉諭粤省百姓商人奔走相賀從前歇業

者紛紛歸肆數日之間貨物駢集皆復其舊向

來恭順夷商貨船聞風入港告請驗船無不鼓

舞又飭委廣州府知府余保純差派洋商傳諭

咉夷令其凜遵前定章程安分貿易

大皇帝體恤爾等曲

賜矜全須感

七一七 靖逆將軍奕山奏折

遵旨曉諭英夷準其通商并籌鑄炮等情（道光二十一年五月二十六日）

大皇帝恩施格外毋滋事端前往明白開導該夷目等額慶歡忭免冠感伏聲言永不敢在廣東滋事等語惟大兵未退該國貨船尚泊澳門近洋未敢遽入前所修補帶路寮房石路未始不作銷貨之想而内商斷不肯前各夷又不從此入口該夷即不馴服而伎倆亦無所施況嗜利本其天性既蒙

皇上予以自新現聞該夷等國貨船在澳門較從前極為安静其不敢在粤更肆桀驁亦可概見況

七一七　靖逆將軍奕山奏折　遵旨曉諭英夷準其通商并籌鑄炮等情（道光二十一年五月二十六日）

該夷新來兵貨各船水土不服瘟疫大作據提督吳建勳報稱自夷目嘶嘫吐在省河受傷逃出病故之後各船受傷及被嚇病亡相繼不絕而寮內居住者傳染時疾亦有數百自四月下旬起至五月中旬止除黑白夷埋山遏及焚化者八九十名內有夷目十名等語是退出後該夷雖幸逃顯戮亦終受冥誅人心為之一快省河要隘已於十八日動工度量地勢攔塞而本年粤中雨水過多西水大漲急切不能得手內

河礮臺除改作外尚須添補礮墻數處已購辦灰石俟天氣稍霽即築基趕辦大黄滘礮臺孤懸水中四面受敵必須添造石壩接通後路方可據守其礮位新鑄八千觔鐵礮四十尊江西委員鑄造三千觔銅礮三十尊餘銅添入委員捐造又十三尊此外尚有在籍刑部郎中潘仕成捐鑄五千觔三千觔二千觔礮四十尊尚未鑄成通計一百二十餘尊僅足省河各臺原設數目而虎門各臺尚須趕緊另造唯鑄礮須先

立礮胎礮胎用土作成非二十餘日不能乾透
廣東陰雨潮濕非倉促所能趕辦只有詳定章
程力求實效由内而外逐漸保固盖夷情多詐
而復多疑駕馭在權防禦宜慎措置緩急經權
並用奴才等斷不敢因
恩准通商稍涉大意惟有外示寬大上崇
國體而内務嚴密潛消反側以仰副我
皇上柔遠安邊之至意所有曉諭通商及現在情形
合行恭摺馳

奏伏乞

皇上聖鑒再參贊大臣楊芳現在患病是以未經列

銜合併聲明謹

奏

另有旨

道光二十一年五月　二十六　日

七一八 粵海關監督克明額奏折

報告接收關税銀數(道光二十一年六月初八日)

粵海關監督奴才克明額跪

奏爲恭報接收交代關税銀數及商口各欠數目

查核清楚仰祈

聖鑒事竊奴才荷蒙

恩命簡放粵海關監督業將到任接印日期恭疏

題報並繕摺叩謝

天恩在案兹查撫臣怡良兼理任内因值𠹭夷滋事

奏將關庫銀兩分寄藩運道三庫存貯以昭愼重

自奴才抵任接准移交當將關税清冊逐一詳查

内癸卯年分自道光二十年三月二十六日起至二十一年三月二十五日止一年期内大關各口共徵銀八十六萬四千二百三十二兩一錢六分九釐内除支銷通關經費及各口已徵未解商欠各款共銀一十五萬六千五十七兩四錢三分三釐應存銀七十萬八千一百七十四兩七錢三分六釐除發借洋商銀七十萬兩外實存在庫銀八千一百七十四兩七錢三分六釐另存平餘截曠等銀二千六十五兩五錢

八分三釐又甲辰年分自道光二十一年三月二十六日起連閏至四月二十六日止計兩個月零一日大關各口共徵銀二十八萬三千五十一兩八錢三分内除支銷通關經費及各口已徵未解商欠各款共銀三萬一千一百十五兩九錢三分六釐應存銀二十五萬一千九百三十五兩八錢九分四釐除發借洋商銀二十五萬兩外實存在庫銀一千九百三十五兩八錢九分四釐另存平餘銀四百九十一兩一錢

七一八　粤海關監督克明額奏折

報告接收關税銀數(道光二十一年六月初八日)

四分二釐另又應存壬寅年分正羨盈餘銀三十九萬三千二百一十三兩三錢三分除已撥解軍需銀三十八萬一千九百二十兩五錢二分五釐外尚存正羨盈餘銀一萬一千二百九十二兩八錢五釐又存平餘及十九年分間款等銀三萬二千八百六十七兩一錢八分三釐又應存戊戌年分帶徵二限正項銀三萬三千五十兩七錢二分九釐己亥年分帶徵三限正項銀六萬九千二十八兩七錢四分六釐二共

七一八　粵海關監督克明額奏折　報告接收關税銀數(道光二十一年六月初八日)

銀十萬二千七十九兩四錢七分五釐除業已全數撥解軍需外以上通共實存在庫銀五萬六千八百二十七兩三錢四分三釐各商口欠繳辛丑壬寅各年分備貢正羨平餘及十九二十二十一年分備公閒款複價等銀共三十萬五百兩一錢四分六釐俱有認狀存據茲傳齊洋商伍怡和等嚴切面諭迅將未完各款銀兩勒限按卯交納并飭各口將已徵未解銀兩趕緊交庫隨時移請委員接續起解以期逐漸

清理而昭核實𥳑按册逐款詳查接收清楚除癸卯年分所徵税餉仍應歸入該年分

奏銷案内照例另行具

題所有寄存各庫銀兩俟後仍行移回關庫存貯以專職守外再查前項撥解軍需銀兩内壬寅年分正羨盈餘銀及戊戌年分帶徵二限正項銀已亥年分帶徵三限正項銀以上三款共銀四十八萬四千兩前經撫臣怡良會同兩廣總督臣祁𡊮奏明核撥兵餉又癸卯甲辰兩年分

七一八 粤海關監督克明額奏折 報告接收關税銀數(道光二十一年六月初八日)

徵存税餉數内共發借洋商等銀九十五萬兩

亦於撫臣怡良兼理任内會移議奏借發洋商

伍敦元等各在案合併陳明所有拏接收關税

銀數查核清楚緣由除循例恭疏

題報外理合繕摺具

奏伏乞

皇上聖鑒謹

奏

户部知道

道光二十一年六月　初八　日

七一九　兩廣總督祁𡎴奏折

奉旨密查越南貿易人聲言能造船炮火器可抵英夷之説（道光二十一年九月十四日）

兩廣總督臣祁𡎴
署廣東巡撫臣梁寶常跪

奏爲接奉密寄

諭旨飭查事件先將大概情形具奏仰祈

聖鑒事臣等於九月初一日承准軍機大臣密寄内

開道光二十一年八月十八日奉

上諭朕聞暎咭唎逆夷在粤滋擾有越南國貿易人

聲言暎夷悖亂天常稱兵犯順並云彼國善製船

礮工且迅速各項火器精於暎咭唎所爲若有文

檄與之彼國自能效順等語逆夷近日曼肆猖獗

必應設法大加懲創越南是否素爲該逆所最畏
船礮火器是否能制暎夷之命其願爲效順之語
果否出於至誠抑係別有所圖著祁𡎴梁寶常確
探密查並於接奉後密行知照廣西巡撫周之琦
一體查探據實具奏事關重大毋稍含混亦慎勿
漏洩是爲至要將此密諭知之欽此臣等跪誦之
下仰見我
皇上軫念海疆隨時
指示周詳之至意臣等遵查此事先於本年四月間

七一九　兩廣總督祁𡊮奏折
奉旨密查越南貿易人聲言能造船炮火器可抵英夷之説（道光二十一年九月十四日）

有越南國人阮得烘在臣祁𡊮衙門呈控新會縣船行梁潘輝等於數年前失風漂至越南打沉船貨向伊借銀買帶貨物今來粵追討未償呈懇追還等語隨飭縣傳訊梁潘輝等供認欠銀屬實即行措交阮得烘在省守候追欠之時復在臬司衙門遞呈一紙内稱伊在粵見㗐夷如此猖獗不過恃船堅礮利本處戰船力不能敵該國所造之船頗爲堅厚皆係甘露鬼子駕駛如中國給該國王文書當可代造不過四百

七一九　兩廣總督祁𡎴奏折
奉旨密查越南貿易人聲言能造船炮火器可抵英夷之説(道光二十一年九月十四日)

金即造一隻並稱該國與暎夷近無嫌隙事宜
機密等語臣等隨訪查越南雖素産木植若造
一堅厚大船亦非數百金所能辦即造成該船
式樣本地無人駕駛前督臣林則徐仿照越南
製成軋船四隻内港外洋均不得用是其明徵
又查阮得烘不時外出貿易本年隻身來粤並
不常任越南恐非安分之徒揆其情詞不過冀
慫逮爲追欠似無别意其所稱該國可代造船
隻之語該國王並不知曉臣等以事關外夷未

七一九　兩廣總督祁𡎴奏折

奉旨密查越南貿易人聲言能造船炮火器可抵英夷之説（道光二十一年九月十四日）

敢冒昧俟再訪查辦理旋據新會縣稟報欠項
全數交清給領即飭令阮得烘回國兹奉
諭旨飭查當即一面飛行廣西撫臣周之琦一體確
實查探臣等一面密爲商核查越南之於
天朝久稱恭順聞昔曾戰敗㗂夷之師至今兩不侵
犯此特見之前人説部係嘉慶十三年之事迄
今已閲三十餘年㗂夷日見强肆且與越南未
再交兵故未聞有㗂夷畏懼越南之語至其船
礮之堅利與否廣東距越南較遠一時難得確

七一九 兩廣總督祁𡎴奏折

奉旨密查越南貿易人聲言能造船炮火器可抵英夷之説(道光二十一年九月十四日)

據容臣等再爲採訪該國船礮火器果否精於

暎夷所爲該國王有無至誠效順之意逐一設

法確探密查並俟廣西撫臣就近查探實情是

否可行移洛到日另行具奏外所有大概情形

謹先繕摺覆

奏伏祈

皇上聖鑒訓示再臣等因事關重大故附報便由驛

呈遞合併聲明謹

奏

七一九　兩廣總督祁墳奏折

奉旨密查越南貿易人聲言能造船炮火器可抵英夷之説（道光二十一年九月十四日）

另有旨

道光二十一年九月　十四　日

七二〇 户部尚書敬徵奏折

請將廣東造炮著説人丁拱辰送京當差

(道光二十二年七月二十一日)

奴才敬徵謹

奏為請

旨事竊奴才近得一書名演礮圖説係丁拱辰所著查

此人曾在廣東鑄礮演試有準亦曉配合火藥

之法伏思造辦處自去歲鑄造銅礮不能俱合

機宜可否

飭下靖逆將軍奕山兩廣總督祁𡍼派員將丁拱辰

送至京中併選帶手藝好鑄礮匠三四名各辦

給文書路費至京之日令其在造辦處報到以

七二〇 户部尚書敬征奏折

請將廣東造炮著説人丁拱辰送京當差
(道光二十二年七月二十一日)

備承應差務謹將演礮圖説一本封呈
御覽再聞風聞廣東造得火輪船隻亦頗適用擬請
飭下該將軍總督繪圖恭
進併將是否内地匠役製造每船工價若干逐條
詳細具
奏恭請
聖裁為此謹
奏
道光二十二年七月　　二十一　　日

七二一　靖逆將軍奕山奏折

遵查法蘭西等國情形并續到英船及香港等處停泊英船數目(道光二十二年七月二十八日)

[illegible]

奕山等　遵查佛蘭西各國情
形等由

奏

八月十二日

臣奕山　臣祁𡎴　臣梁寶常跪

奏為遵

旨查明天竺佛喃及呂宋等國來船情形並現在英夷加

奏報緣由恭摺覆奏仰祈

聖鑒事竊臣等承准軍機大臣字寄道光二十二年六月二

十四日奉

上諭有人奏探逆船集天竺佛嘯及呂宋等國東

船數十隻　欽此　又于二十二年六月二十八日奉

上諭奕山等奏　欽此欽遵寄信前來奴才等伏查原

奏內聲稱鎮海等處停泊夷船數十隻查五月初

旬定海新到夷船二十一隻初九日又到夷船四十

餘隻或云來自天竺或云佛嘯及呂宋各夷等

語奴才等前奏探逆船稱內有四月至五月

初六日陸續從其出老萬山駛赴閩浙洋者計四

十四隻原稱鎮海定海兩處停泊逆船自必即

七二一　靖逆將軍奕山奏折　遵查法蘭西等國情形并續到英船及香港等處停泊英船數目(道光二十二年七月二十八日)

七二一　靖逆將軍奕山奏折

遵查法蘭西等國情形并續到英船及香港等處停泊英船數目（道光二十二年七月二十八日）

係買內由粵駛往船隻但從前探詢貨物
探報訪稽該船係自英逆本國駛來並無聲
明別國之說茲復細加探訪緣西洋諸國統
名為歐邏巴洲並無天竺國名自史載天竺國
一名身毒在月氏東南數千里其俗重佛法又
聞天竺一名印度喀喇及喀布爾皆係印度
之一隅喀者係印度與傳聞與英夷打仗之國喀
咪唎囒咧嘆夷居國並佛蘭國粵東未聞其名亦無該國
夷人來粵貿易惟佛蘭西每年有貨船一二隻
到粵或印係佛蘭西國夷船西字首尾音以致

七二一　靖逆將軍奕山奏折

遵查法蘭西等國情形并續到英船及香港等處停泊英船數目(道光二十二年七月二十八日)

係富不一本年春間佛蘭西國兵頭真喇咪及吐
嘽喇等駕兵船來粵常有素曉華語之耶穌
唖嚧哝哩哳二人同來謁見並經奴才詳曉諭
該夷情形察明其意風聞該國與英逆兩不
相下現因英逆日強恐其蠶食早已整頓兵船
預爲防備呂宋在粵洋之東南該國如赴浙江
即由台灣福建一帶北駛要不必由粵洋經過
若其兵船隻助逆無從而知聞該國貧而弱自顧
不暇未必能以兵助逆且該國商船向在澳門貿
易亦頗安順惟訪聞海外各國另有一種兵船隻名

七二一　靖逆將軍奕山奏折　遵查法蘭西等國情形并續到英船及香港等處停泊英船數目(道光二十二年七月二十八日)

而西洋柳夷船上多係黑夷砲手俱備洋之受
僱于各外國代人打仗索價數萬元至一二十萬元
不等現在英逆分擾各省雖係非此等船隻受
僱在內該逆插以旗號即作為伊本國之船亦來者
亦如有等伏思佛蘭西與呂宋各國素稱恭順原可
以理曉諭設法解散惟該國是否與英逆同惡相
濟無從深其確據且該國現無大兵頭在粵僅
以小夷商貿易自未便向其詳說轉奏
天朝體制查佛蘭西兵頭于晝間呈遞説帖本已代英
逆請和為詳細因該兵頭吐嘿喇出伊係後來

七二一　靖逆將軍奕山奏折

遵查法蘭西等國情形并續到英船及香港等處停泊英船數目(道光二十二年七月二十八日)

再，奴才等隨時偵察情形，如果有機可乘，自當因勢利導，以靖逆氛而寧

國体。至現在逆船情形，自上次奏報之後，由該國陸續來小兵船一隻、紫黑大食船一隻，又夷目名嘴卒領門砲位大兵船一隻，該夷目嘴即駕大兵船並十七號火輪船一隻，於上年十一月內來泊九洲之中。兵船一隻均于七月初三、初九等日出老萬山向東行駛，似赴江浙一帶。其在外洋瞭望，由西南駛往東北外洋夷船計三隻，由東北駛回西南外洋夷船亦計三隻。現在香港尖沙嘴洋面寄泊嘆

七二一　靖逆將軍奕山奏折

遵查法蘭西等國情形并續到英船及香港等處停泊英船數目(道光二十二年七月二十八日)

途巡火船四隻、港脚貨船、躉船十五隻、三板八
隻。另有英逆巡火船十四隻,分泊于九洲、潭仔、西
南丁三角各洋面。至本省防兵並募壯勇,分
撥各路要隘三十餘處,尚覺不敷守禦。所有各
省征兵一千六百餘名,仍存暫留調遣,以昭嚴密
防範。擬俟秋月後隨時相度夷務大定,即當
派撥回營,不致靡費帑餉,仰副
聖主慎重軍儲至意。所有遵
旨查明外夷船隻情形並現在寄泊夷船緣由,謹合
恭摺具

七二一　靖逆將軍奕山奏折

遵查法蘭西等國情形并續到英船及香港等處停泊英船數目(道光二十二年七月二十八日)

奏伏乞

皇上聖鑒謹

奏

道光二十二年六月十二日奉

硃批

欽此

七月二十八日

七二二 《中英南京條約》稿本（道光二十二年八月）

嗣後

大清

大皇帝與英國

君主永存平和所屬華英人民彼此友睦各住他國者必受該國

保佑身家全安

自今以後

大皇帝恩准英國人民帶同所屬家眷寄居沿海之廣州福州廈門

寧波上海等五處港口貿易通商無礙英國

君主派設領事管事等官住該五處城邑專理商賈事宜與各

該地方官公文往來令英人按照下條開叙之例清楚交納

貨税鈔餉等費

一因英國商船遠路涉洋往往有損壞須修補者自應給予

沿海一處以便修船及存守所用物料今

大皇帝准將香港一島給予英國

君主暨嗣後世襲主位者常遠主掌任便立法治理

一因

欽差大臣等於道光十九年二月間將英國領事官及民人等强留

粤省嚇以死罪索出鴉片以為贖命今

七二二 《中英南京條約》稿本（道光二十二年八月）

大皇帝准以洋銀六百萬圓償補原價

一凡英國商民在粤貿易向例全歸額設行商亦稱公行者
承辦今
大皇帝准其嗣後不必仍照向例凡有英商等赴各該口貿易者勿
論與何商交易均聽其便且向例額設行商等內有累欠英
商甚多無措清還者今酌定洋銀三百萬圓作為商欠之數
由中國官為償還

一
欽差大臣等向英國官民人等不公强辦致須撥發軍士討求伸理

今酌定水陸軍費洋銀一千二百萬圓
大皇帝准為償補惟自道光二十一年六月十五日以後英國在各
城收過銀兩之數按數扣除
一以上酌定銀數共二千一百萬圓此時交銀六百萬圓癸
卯年六月間交銀三百萬圓十二月間交銀三百萬圓共銀
六百萬圓甲辰年六月間交銀二百五十萬圓十二月間交
銀二百五十萬圓圓共銀五百萬圓乙巳年六月間交銀二
百萬圓十二月間交銀二百萬圓共銀四百萬圓自壬寅年
起至乙巳年止四年共交銀二千一百萬圓儻按期未能交

足
則酌定每年每百萬圓加息五圓
一凡係英國人無論本國屬國軍民等今在中國所管轄各
該地方被禁者
大皇帝准即釋放
一凡係中國人前在英人所據之邑居住者或與英人有
來往者或有跟隨及伺候英國官人者均由
大皇帝俯降
諭旨謄錄天下
恩准免罪凡係中國人為英國事被拏監禁者亦加

恩釋放

一前第二條內言明關俾英國商民居住通商之廣州等五處應納進口出口貨稅餉費均宜秉公議定則例由部頒發曉示以便英商按例交納今又議定英國貨物自在某港按例納稅後即准由中國商人徧運天下而路所經過稅關不得加重稅例只可照估價則例若干每兩加稅不過某分

一議定英國住中國之總管大員與中國大臣無論京內京外者有文書來往用照會字樣英國屬員用申陳字樣大臣

批覆用劄行字樣兩國屬員往來必當平行照會若兩國商

賈上達官憲不在議内仍用奏明字樣

一 俟奉

大皇帝允准和約各條施行並以此時准交之六百萬圓交清英國

水陸軍士當即退出江寧京口等處江面並不再行攔阻中

國各省商賈貿易至鎮海之招寶山亦將退讓惟有定海縣

之舟山海島廈門廳之古浪嶼小島仍歸英兵暫爲駐守迨

及所議洋銀全數交清而前議各條海口均已開關俾英人

通商後即將駐守二處軍士退出不復占據

七二二 《中英南京條約》稿本（道光二十二年八月）

一以上各條均關議和公約應俟大臣等分別奏明
大皇帝硃筆批准及英國
君主判定後即速相交俾兩國分執一冊以昭信守惟兩國
相離遙遠是以另繕二冊先由
欽差大臣等及英國公使蓋用關防印各執一冊為據俾即日按照
和約開載之條施行妥辦
硃批即商議欽此

七二三　靖逆將軍奕山奏折

遵查廣東造炮著説人丁拱辰實有其人（道光二十二年十月十九日）

奕山等

呈覽礮圖說

奏

十一月十一日

奴才奕山臣祁墳梁寶常跪

奏爲遵

旨查明覆奏仰祈

聖鑒事竊奴才等承准軍機大臣字寄道光二十二

七二三 靖逆將軍奕山奏折

遵查廣東造炮著説人丁拱辰實有其人(道光二十二年十月十九日)

本年七月二十二日奉

上諭有人奏近得一書名演砲圖說係丁拱辰所著

此人曾在廣東鑄礮演試有準亦曉配合火藥

之法著奕山即行查明是否實有丁拱辰其人

現在曾否在粤試製礮台礮位果否堅固適用

據實具奏又聞廣東造得大輪船亦頗適用著即繪

圖呈進並將是在內地選設製造每船工價若干一併

詳悉查明具奏將此諭令知之欽此欽遵寄信

前來伏查丁拱辰原係福建監生前赴軍營投効

呈獻象限儀一具測亮演礮高低之法當經收存

七二三 靖逆將軍奕山奏折

遵查廣東造炮著説人丁拱辰實有其人（道光二十二年十月十九日）

壽於上年冬月閱視往燕塘地方用象限儀測
視演放尚爲有準因該監生頗知急公曾賞給
六品軍功頂戴以示獎勵兹奉詢該監生著有
演礮圖說一冊係備求演礮準則而于配合火藥
以及修築礮台鑄造礮位等事亦只有論說
未經親為製造旋經署督祁𡎴面往本即就原
書詳加考校因該監生所論間有拘執及自相矛
盾之處逐條簽出與之講究該監生始
行收會該道潘于團練壯勇之時或在平地
低處或于砲台高處施之靶於水面用象限

七二三　靖逆將軍奕山奏折

遵查廣東造炮著説人丁拱辰實有其人(道光二十二年十月十九日)

儀測覘演放大砲往往中靶者多詢道與丁拱辰互相參酌擇其演砲要法易撥圈從數刻言簡易歌刊刻多張悉撥砲台俾人人易曉現在雖營兵素壯勇俱能深明其法其台上砲架一律仿製造滑車該架推挽者極靈便隨另製象限儀二具交齎撫標弁帶京呈遞外並將丁拱辰所著原書及該道西洋炮圖訂數條合繕一冊先附報便咨送軍機處進呈

御覽至於火輪船式曾於本年春間有紳士潘世榮雇覓夷匠製造小船一隻放入內河不

七二三　靖逆將軍奕山奏折

遵查廣東造炮著説人丁拱辰實有其人(道光二十二年十月十九日)

甚靈便緣後船必須機関靈巧駕駛適用
因地匠役往往不諳其法聞澳門尚有夷匠
頗能製造西夷人每造一火輪舟工價自數
萬元至十餘萬元不等將來或雇覓夷匠
做式照樣製造或購買夷人造成之船由臣和墳妥
隨時酌量情形奏明辦理再查本年八月間
紳士潘士成捐力報効不惜重資雇覓咪唎㗎
國夷人壬雷斯在僻靜處所配合火藥又修
製造水雷據該紳士聲稱試製水雷一
物尤為精巧利用若等實心人在彼學習技

七二三　靖逆將軍奕山奏折

遵查廣東造炮著說人丁拱辰實有其人（道光二十二年十月十九日）

藝俟將來造成時如果演試有效該紳士
自行派人齎送到京聽候閱驗合併陳明
所有奴才等遵
旨查明緣由理合恭摺具
奏伏乞
皇上聖鑒謹
奏
道光二十二年十月十一日奉
硃批　欽此
十月十九日

七二四　兩廣總督祁墳致軍機處咨呈

廣東制造象限儀進呈(道光二十二年十一月初九日)

咨呈

十二月十六日

太子少保兵部尚書兼都察院右都御史總督兩廣等處地方提督軍務兼理糧餉鹽課祁　　為

賫送事照得前經

靖逆將軍會同本部院堂具奏恭

進演礮圖說摺内聲明另製象限儀二具交賫摺差

七二四　兩廣總督祁𡌴致軍機處咨呈

廣東制造象限儀進呈(道光二十二年十一月初九日)

并帶京呈

進等因茲因本差之便將製就象限儀二具用木匣

裝載封固交賫本差弁龍炳光等妥為賫京送呈

軍機處以備呈

覽為此咨呈

軍機處請煩查照俟賫送到日希即驗收以備

呈

覽施行須至咨呈者

七二四　兩廣總督祁𡎴致軍機處咨呈　廣東制造象限儀進呈(道光二十二年十一月初九日)

右　咨　呈

軍機處大人

道光貳拾貳年拾壹月初玖日

七二五　粤海關監督文豐奏折

報告征收關税總數(道光二十三年三月二十六日)

粤海關監督奴才文豐跪

奏爲恭報關税一年期滿徵收總數仰祈

聖鑒事竊照粤海關徵收正雜銀兩向例一年期滿

先將總數

奏明俟查覈支銷確數另行恭疏具

題並分款造册委員解部歷年遵照辦理在案至

粤海關原定正額銀四萬兩銅斤水脚銀三千

五百六十四兩又嘉慶四年五月奉户部劄行

欽定粤海關盈餘銀八十五萬五千五百兩欽遵在案

七二五　粤海關監督文豐奏折　報告征收關税總數(道光二十三年三月二十六日)

查該關遞年連閏趲前應徵乙巳年分關税自
道光二十二年二月二十六日起至二十三年
二月二十五日關期報滿止一年期内督臣祁
墳署理任内經徵一個月零十二日奴才接管任
内經徵十個月零十八日兩任合徵統計大關
各口共徵銀一百一十八萬二千四百八十八
兩九錢九分三釐除徵足正額税銀及銅斤水
脚並徵足
欽定盈餘銀兩外計多收銀二十八萬三千四百二十

四兩九錢九分三釐除將到關船隻貨物粗細
分別造册送部覈對外所有關税一年期滿徵
收總數理合恭摺具
奏再查乙巳年分徵收税餉内撥解浙省軍需銀
十萬兩又撥解南河工費銀一十四萬兩業經
先後分別
奏明在案現計應存税餉銀九十四萬二千四百
餘兩内有應開除一年通關支銷經費等項銀
兩尚未覈實數目合併陳明伏乞

皇上聖鑒謹

奏

户部知道

道光二十三年三月二十六日

七二六　兩廣總督祁塇奏折

審辦廣州十三行街民夷争鬧案
（道光二十三年五月初二日）

兩廣總督革職留任臣祁塇
三品頂帶廣東巡撫臣程矞采跪

奏為民人焚燬夷樓洩忿互毙人命拏獲尋毆放火及乘火搶奪銀物匪徒審明分別辦理恭摺

奏祈

聖鑒事上年十一月初六日省城外十三洋行地面民夷因事爭鬧並夷樓被焚被搶一案先經臣祁塇與前撫臣梁寶常查明夷館燒去四間民夷共傷毙五命並拏獲搶火匪犯業將大概情形會摺具

七二六　兩廣總督祁𡊮奏折

審辦廣州十三行街民夷争鬧案

(道光二十三年五月初二日)

奏欽奉

諭旨祁𡊮等奏民夷因事争鬧及夷樓失火被搶一摺此次夷人强買民人食物致相争鬧是夜夷樓失火被搶經該地方官彈壓救護旋據該酋嘆嘁喳詢問此事該督正言回覆所辦甚是粤省士民因該夷情形傲慢激成公忿迥非藉端滋事者比惟該夷甫經就撫邊釁未可再開伊里布将次到粤著即會同祁𡊮梁寶常細心秉公妥為辦理總當使該夷輸服不至有所藉口致妨撫局尤不可

屈抑士民使内地民心因而解體方爲妥善等因欽此臣等當即欽遵轉行遵照嗣經查詢此案係南海縣賣果民人陳亞九因咦咭唎黑夷强買橙子起釁争鬧解散後復有縣民蘇亞炳糾衆尋毆起意放火葉亞潮下手燃燒夷樓互斃人命匪徒胡阿順等乘火搶取銀物等情先據府縣會營督率兵役陸續拏獲放火之葉亞潮一名乘火搶奪之胡阿順岑亞寬陸亞萬劉亞女梁亞洸葉亞才李亞三馮亞奇八名圖搶未

得財之陳亞貴譚亞祐潘亞揚廖雲秀麥亞寶五名連起獲原贓洋銀夷服等物錄供通稟當經行司飭府督縣審辦兹據廣州府知府易長華督同南海番禺二縣將現犯審擬由藩臬二司覆審招解前來臣等督同司道親提研鞫緣現獲之葉亞潮胡阿順等籍隸南海清遠等縣向在省城十三行附近地方傭工挑擔度日有陳亞九亦在十三行地面設攤擺賣水果道光二十二年十一月初六日申刻唤咭唎黑夷向

七二六 兩廣總督祁墳奏折

審辦廣州十三行街民夷爭鬧案
(道光二十三年五月初二日)

陳亞九攤上取食橙子二個陳亞九向索錢文
黑夷不給轉身欲走陳亞九拉住該夷後衣不
放黑夷用刀劃傷陳亞九右手背陳亞九負痛
鬆手大聲呌喊有在附近賣糕之李亞華及往
來行人共為不平幫同向黑夷理斥黑夷自知
理虧避入夷樓將門關閉衆人追呼擁至圍住
夷樓黑夷在樓上用瓶瓦向下擲打經臣祁墳
等聞知飭令南海番禺二縣會營馳赴彈壓督
飭兵役喝止旋各走散隨有蘇亞炳李亞二何

亞郁葉亞潮及李亞㘵蔣亞堅不識姓之亞翰
亞升並不識姓名多人聞知十三行地方民人
與夷人爭鬧前往觀看初更時候行抵該處向
陳亞九等問知情由陳亞九等當各轉回蘇亞
炳以夷人過於欺侮起意商同李亞二等找尋
夷人毆打報復李亞二等及不識姓名各人均
以夷人平日傲慢凌辱現復强買傷人各抱公
忿情願幫同前往蘇亞炳遂帶領李亞二等及
不識姓名各人走至夷行門首拾石打開夷門

聲言報復一同擁進夷樓時嘆咭唎夷商雇有泥水木匠人等在行修整樓屋夷商與工匠黄昌倖等因見人衆勢兇即從後門走出李亞墘蔣亞堅亞翰亞升從後追趕尋毆時蘇亞炳因見地上遺有工匠煲茶爐火起意將其夷樓燒燬洩忿密與葉亞潮何亞郁李亞二商允葉亞潮即將爐火舉向夷樓第二進院内堆積碎木刨柴處所丢棄何亞郁李亞二未經動手須臾火起經看守夷行工人梁恩等看見畏懼不敢

阻攔黑夷多人上前撲救蘇亞炳喝毆葉亞潮
等各拔出身帶順刀與不識姓名多人隨同蘇
亞炳向黑夷毆砍黑夷各放手鎗抵禦内有黑
夷二名被傷倒地蘇亞炳李亞二何亞郁亦各
被手鎗砂子中傷倒地因彼此亂毆且火烟迷
目並未看見何人致傷何夷及何人係被何夷
鎗傷李亞二蘇亞炳何亞郁及兩黑夷俱各傷
重旋即殞命經臣祁𡎴等督飭文武員弁添派
兵役彈壓查拏葉亞潮等及不識姓名各人亦

即陸續走散將火救息當火發時另有胡阿順岑亞寬陸亞萬在街望見火起各自起意糾夥乘機搶奪胡阿順糾得劉亞女岑亞寬糾得梁亞洸葉亞才陸亞萬糾得李亞三馮亞奇又有不識姓名多人陸續糾夥一同走入行内各自搶得洋銀三十餘圓及一百圓零不等並夷服等物跑走又陳亞貴譚亞祐潘亞揚廖雲秀麥亞寶五人亦因火起各自起意前往搶奪行抵該處正在入行圖搶即經廣州府等督率兵役

連葉亞潮等一併拏獲並於火息後拏獲各赴
火場撥取灰土檢拾貨物之黃亞福陳亞幗王
亞三張亞升陳亞勝葉亞同陳亞就七名連原
贓解案訊供通稟並會營勘驗先經臣等
奏奉
諭旨轉行欽遵查照並確查起火實情分别究辦茲
據廣州府等提集各犯及一干人證逐加研訊
將犯審擬由司覆審招解經臣等督同司道親
提覆鞫據葉亞潮供認前情不諱訊無蓄意圖

財情事此外亦無另有同謀放火之人臣等復以先經風聞是夜夷樓被燒係受雇工作之匠人疊被夷人苛虐在內放火洩恨民人李亞二等受傷致斃者三命黑夷傷斃者二命究係被何夷何人致傷反覆究詰據葉亞潮供稱是夜實係伊聽從蘇亞炳主使放火希圖燒燬報復時工匠人等先已從後門走出並不在場如果係工匠等所為伊何肯代認重罪至何人致傷何夷何夷鎗傷何人時因彼此亂毆且火烟迷

日未經看得清楚實在供指不出等語屢鞫不
移案無遁飾查例載懷挾私仇放火燒燬房屋
因而殺人者為首擬斬立決為從商謀下手燃
火者擬絞監候其未傷人及傷而不死為從者
發近邊充軍又律載白晝搶奪人財物者杖一
百徒三年又例載因失火而乘機搶奪其但經
得財罪應擬以杖徒者俱照本例加一等治罪
將為首之犯杖一百流二千里為從杖一百徒
三年均於左面刺搶奪二字又搶奪不得財問

不應各等語此案蘇亞炳因陳亞九與唤咭唎黑夷爭鬧事經解散該犯復糾衆尋鬧報復臨時起意放火喝毆以致傷斃黑夷二人訊屬挾仇並非圖財雖事出公忿似與私仇有間惟唤夷業經就撫該犯擅行起意放火殺害應仍照例問擬蘇亞炳合依懷挾私仇放火燒燬房屋因而殺人者為首擬斬立決例擬斬立決業已被傷身死應毋庸議葉亞潮等被蘇亞炳糾邀葉亞潮下手放火復聽從毆砍葉亞潮合依挾

仇放火殺人爲從商謀下手燃火者擬絞監候
例擬絞監候秋後處決何亞郁李亞二但經同
謀並未下手燃火例内並無挾仇放火殺人爲
從未經下手燃火作何治罪明文自應比例問
擬何亞郁李亞二均應比照未傷人及傷而不
死爲從者發近邊充軍例發近邊充軍業經被
傷身死應毋庸議胡阿順岑亞寬陸亞萬三犯
各自起意乘火搶奪應各以爲首論各犯搶得
銀物計贓均在八十兩以下胡阿順岑亞寬陸

亞萬均合依因失火而乘機搶奪其但經得財罪應擬以杖徒者俱照本例加一等治罪將為首之犯杖一百流二千里例杖一百流二千里劉亞女梁亞洸葉亞才李亞三馮亞奇聽從乘火搶奪均合依為從杖一百徒三年例杖一百徒三年各至配折責安置以上各犯均於左面刺搶奪二字劉亞女業經病故應毋庸議岑亞寬梁亞洸李亞三據供親老丁單是否屬實飭行分别移傳族鄰人等到案訊明分别取結照

例辦理陳亞貴譚亞祐潘亞揚廖雲秀麥亞實
各自起意乘機圖搶尚未得贓均合依搶奪不
得財問不應律照不應重律杖八十折責三十
板黄亞福等事後各赴火場檢拾餘燼計贓均
在一兩以下黄亞福陳亞幗陳亞就王亞三張
亞升陳亞勝葉亞同亦均請照不應重律杖八
十折責三十板仍與陳亞貴等五犯均各加枷
號一個月以示懲儆陳亞就業經病故應毋庸
議地保梁晉安於蘇亞炳等聚衆尋鬧並不先

為理阻致啟事端亦屬不合合依不應輕律笞
四十折責革役梁亞洸之父梁亞有馮亞奇之
父馮學鄰均訊不知情飭縣拘案照例發落梁
亞有年逾七十照律收贖追出贖銀批解充公
此案民夷互毆因人數眾多不能確查下手致
死正兇且事涉華夷互有殺傷計黑夷傷斃二
命華民傷斃三命内有蘇亞炳一名係起意放
火正犯是兩造致斃人命亦足相抵請勿深究
以免别生枝節陳亞九因黑夷買果不給價值

復被致傷向其理論並無不合應與幫同理斥之李亞華均請免議看守夷行工人梁恩等因蘇亞炳等人衆勢兇不敢攔阻應與工匠黄昌倖等亦均免置議各犯訊無另有犯案窩夥陳亞九傷經平復劉亞女陳亞就在保病故保人訊無淩虐情弊均毋庸議各屍棺分别飭屬領埋被燒夷樓及被搶銀物除已起之贓分别查傳給領外餘仍諭飭洋商查明妥爲辦理本案放火匪徒首夥蘇亞炳等三名當時被夷人鎗

傷身死其夥犯葉亞潮亦經弋獲究辦惟蘇亞炳等三犯並非兵役捕獲文武疎防職名仍應查叅聽候減議其搶火匪犯亦經南海縣會營拏獲胡阿順等究辦其餘不識姓名人無從追究劉亞女陳亞就在保病故管獄官例無處分所有文武承緝及管獄各職名均請免開犯故圖結飭取另送除備錄供招咨部外臣等謹合詞恭摺具奏伏乞

七二六　兩廣總督祁𡎴奏折　審辦廣州十三行街民夷争鬧案
（道光二十三年五月初二日）

皇上聖鑒敕部核覆施行謹

奏

刑部議奏

道光二十三年五月　初二　日

七二七　欽差大臣兩江總督耆英奏折

行抵粵東省城體察夷情尚為恭順
（道光二十三年五月二十一日）

欽差大臣兩江總督奴才耆英跪

奏為奴才行抵粵東省城體察夷情尚為恭順現在

會同籌議稅餉恭摺

奏祈

聖鑒事竊奴才前於大庾縣途次將接受關防緣由恭

摺具

奏在案奴才於途次風聞粵中士民志存報復不肯

與暎夷互市該夷藉為口實即欲在香港設立

馬頭布圖華商往來販運將來出入口貨物稅

七二七 欽差大臣兩江總督耆英奏折

行抵粵東省城體察夷情尚為恭順

(道光二十三年五月二十一日)

皆出於華商該夷竟可坐享其利伊里布因與
國計民情夷務三者皆有窒礙憂思成疾以致出
缺奴才伏思前此奕山在粵與該夷接仗時粵中
士民異口同聲籲請息兵安民人所共知並非
捏飾何以於該夷受撫之後轉思報復若不先
清其源必將利權驅使夷操五月初七日行抵
廣東省城接晤督臣祁墳撫臣程矞采及臬司
黃恩彤侍衛咸齡等詢悉粵中風氣縉紳之家
皆係讀書明理守法奉公惟市井小民嗜利尚

七二七 欽差大臣兩江總督耆英奏折 行抵粵東省城體察夷情尚為恭順(道光二十三年五月二十一日)

氣好鬭輕生又係通洋馬頭五方雜處多有造言生事之徒從中煽惑藉以漁利從前粵中習俗既資番舶為衣食之源又以夷人為侮弄之具該夷敢怒而不敢言飲恨於心已非一日近日夷情不能再如從前之受侮設有一言不合即彼此欲得而甘心遂有上年十一月間焚搶洋行之事其實皆係無籍游棍及俗名爛崽等輩所為一經查拏旋即逃散本年三月又有錢江等揑造揭帖布圖煽惑之案雖經督撫等

七二七　欽差大臣兩江總督耆英奏折

行抵粵東省城體察夷情尚爲恭順
（道光二十三年五月二十一日）

奏請嚴辦而民夷兩相疑懼倘辦理稍有未協必
致重啟衅端㚇當即會商祁墳等一面照會嘆
咭告以㚇現已抵粵一切皆照原議條約辦理
先破其香港通市之謀一面曉示粵民諭以利
害現已接有嘆咭喳囒文情詞極爲恭順數日
以來民間亦無動靜並因夷目嗎禮遜現在借
寓十三行聽候信息即飭黄恩彤咸齡宣布
皇上恩信與之酌議貿易處所已允遵照舊章泊船
黄埔不敢膠執在香港交易之請仍俟接晤嘆

七二七　欽差大臣兩江總督耆英奏折

行抵粵東省城體察夷情尚為恭順
(道光二十三年五月二十一日)

旨即可定議惟該夷原有夷館已於上年焚燬
或於原處建復或須擇地另造必得再行細察
民隱因勢利導順其性而遂其生方能定見至
稅餉章程已蒙
恩准在於廣州廈門福州寧波上海五處通商即應
通盤籌畫一律徵收以裨
國計未便在粵言粵稍有參差致多趨避惟稅餉
雖有定例可循而例徵正稅本屬無幾日久弊
生規費逐漸加增在雍正乾隆年間節次清查

七二七　欽差大臣兩江總督耆英奏折　行抵粵東省城體察夷情尚為恭順（道光二十三年五月二十一日）

將規費改正歸公有作為正税報撥者有留為
經費支銷者行之既久陋規漸又加增幾將無
所底止華夷各商咸受其累是以上年該夷就
撫之初諄諄以裁減浮費為請迨伊里布到粵
後飭令該夷開出浮費數目則稱向由洋行總
除總算無憑查開復經責令洋商約畧開出交
給閱看該夷又稱此等費用不應官為過問其
正税及改正歸公之規税又多議删議減雖經
督臣祁𡎴督飭黄恩彤等與之往返辯論尚未

七二七　欽差大臣兩江總督耆英奏折

行抵粤東省城體察夷情尚為恭順（道光二十三年五月二十一日）

定局𢑚會同督撫諸臣詳核各關例案體察現在情形内有今昔時價不同必應酌量加減之處惟加則必須正稅與歸公規費一律並加減亦如之庶不致辦理掣肘其例外浮費原不難澈底查明全行禁革但射利之徒營私玩法一經查出款目必將視為例所應得之款奸胥猾吏又從而勒索之其勢必致於費上加費而後已從來清釐積弊另定新章大抵如此不獨關稅一事為然似不若將正稅及歸公規費議定

七二七　欽差大臣兩江總督耆英奏折　行抵粤東省城體察夷情尚為恭順（道光二十三年五月二十一日）

數目歸作一條編徵分款解支其例外浮費即
據該夷不應官為過問之語無庸過事搜求但
須嚴飭行棧胥吏人等不准絲毫需索如此則
大綱既定其餘不難迎刃而解弩既不敢畏難
將就貽誤大計亦不敢稍存成見啟衅目前惟
有與督撫諸臣督飭黄恩彤等和衷熟商安輯
民夷務求於俯順夷情之中仍不致令民解體
庶與
國計民生夷情三者皆有裨益以仰副

聖主綏靖海疆懷柔遠人之至意所有辦理情形謹
恭摺由驛具
奏伏乞
皇上聖鑒謹
奏
另有旨
道光二十三年五月　二十一　日

七二八　欽差大臣兩江總督耆英奏折
赴港與英酋商議税餉章程
（道光二十三年六月十五日）

再税餉章程雖爲貿易條款實則理財之一端
瑣屑糾紛動多牽制該夷自釋兵就撫之後因
章程未定貿易未通外貌雖極恭順中心實存
驕蹇所賴通商爲該夷養命之源税例之增減
多寡即關夷情之向背從違若過爲搜剔則恐
致反覆概示優容又易滋流弊且夷目嗎禮遜
久在粤東於商税利弊算及錙銖我方思控制
之方彼已有牴牾之術不予該夷以小利恐啟
爭端不留地方之餘利有礙民生損上益下雖

七二八　欽差大臣兩江總督耆英奏折

赴港與英酋商議稅餉章程

(道光二十三年六月十五日)

爲經國大猷而當此支用孔繁之際又不能不
先爲
國計智者處此亦有操縱兩難之勢伊里布之鞠
躬盡瘁未能一手完結職是之故即黄恩彤咸
齡多方設法辯論再三雖已唇焦舌敝力盡筋
疲終因伊里布出缺之後該夷觀望徘徊不能
定議向來各國貨船每年六月以後即陸續來
粤檠到粤之時相去貨船進口之期僅止月餘
若不迅速辦結闗闠營趁之人既多顧慮夷船

聚集守候非急而生變即遊行各口希冀走私於大局殊有關繫趕緊督同黄恩彤等查核卷宗體察情形必須消除其觀望之心遏抑其驕蹇之氣方可漸冀就範因藉該酋請定會晤日期即示以坦白令彼駕駛火輪船前來帶同黄恩彤咸齡等輕裝減從即坐火輪船前往香港接見該酋噗喋喳當即宣布

皇上恩德次日親赴該酋住處以誠破詐以氣折驕該酋技無所施掩然貼服遂在夷樓居住四

七二八　欽差大臣兩江總督耆英奏折
赴港與英酋商議稅餉章程
(道光二十三年六月十五日)

日又經黄恩彤等反復開導始得頭緒内渡瀕
行時據該酋嘆喋嗌呈送身佩洋刀一把以明
誠意並將伊及伊妻子女圖像懇求帶回以表
其神形業已追隨左右不敢再有異志㗊夷重
女輕男今嘆酋將其妻室圖像相贈據通華語
之夷酋等咸稱若不誠敬欽信斷不能如此等
語弩隨將所佩金環並書畫紈扇一柄即行付
給此非弩甘於抑志降心輕身冒險又不避嫌
疑與之酧酢蓋不如是則疑團不釋彼此相持

七二八　欽差大臣兩江總督耆英奏折
赴港與英酋商議稅餉章程
（道光二十三年六月十五日）

訖難定案且從來撫馭外夷但當計我之利害
不必問彼之是非惟不可因其情詞馴順稍存
大意致墮其術回省後與督撫監督諸臣將議
定稅則通盤籌算於
國計不無裨益夷情亦得便利將來開市之後貨
物流通小民足資生計惟奴才連日以來心力交
隨時珍重務保康彊切
勿妄服補劑慎之
勞又似上年在江寧時夜不成寐食不知味然
事關海疆安危大計奴才惟有努力振刷會同熟
商務求妥善以冀仰副

皇上綏靖荒服加惠商民之至意所有辦理情形謹

附片陳明伏乞

聖鑒謹

奏

所辦甚屬妥協另有旨

七二九　欽差大臣耆英奏折　遵議通商章程收税則例
(道光二十三年六月二十七日)

臣耆英
臣祁𡊮
臣程矞采
臣文豊　跪

奏爲遵
旨議定通商章程收税科則恭摺馳
奏仰祈
聖鑒事竊臣耆英奉
命來粤查辦税餉事宜當將抵粤籌議大畧情形及
廣州一口定於七月初一日通市緣由先後
奏報在案兹復會同臣祁𡊮等督飭委員將章程
科則往返籌議計酌定通商章程十五條並查

七二九　欽差大臣耆英奏折

遵議通商章程收税則例

(道光二十三年六月二十七日)

照粤海關原定税則議增税銀之貨五十六種議減税銀之貨六十四種原例並未賅載現在查明添出者十三種此外另有價值靡常之貨品類不一叅用估價定税之法以歸簡易臣等按册勾稽截長補短實屬有贏無絀現届六月中旬各國貨船業已雲集不及聽候部覆除廣州一口已定於七月初一日查照新定章程開市貿易其福州廈門寧波上海四處俟部覆到日再行開關但廣州既經開市誠恐福州等口

七二九　欽差大臣耆英奏折　遵議通商章程收税則例（道光二十三年六月二十七日）

商船聞風駛至相應請
旨勅下部臣迅速議覆並由部徑咨各該省知照俾
有遵循除將收税科則比較贏絀分造清册咨
呈軍機處並户部外謹將册造事宜撮其大要
連通商章程一併敬繕清單恭呈
御覽其餘未盡事宜容臣等另行妥籌分别具
奏所有通商税則業已定案緣由理合恭摺由驛
馳奏伏乞
皇上聖鑒

七二九 欽差大臣耆英奏折 遵議通商章程收税則例（道光二十三年六月二十七日）

敕部覈覆施行謹

奏

軍機大臣會同該部覈議

速奏單二件併發

道光二十三年六月二十七日

七三〇　欽差大臣兩江總督耆英奏折　酌議進口硝磺税則(道光二十三年六月二十七日)

再查粤海關税則内有磺每百斤收税銀二錢一條未經載明是否進口貨物稽考由來係爲進口之倭硫磺而設其硝斤一項並無完税明文惟有洋船壓艙之鹹沙可以煎濾成硝粤東向辦章程飭令硝商收買繳官給價令臣等查出各國洋船每年帶有洋硝一項計數不少因例無完税明文該夷商等均在外洋私售無賴匪徒即指爲違禁貨物查拏生事臣等伏查硝磺之禁止私販係禁其出洋非禁其進口也因

七三〇　欽差大臣兩江總督耆英奏折

酌議進口硝磺稅則(道光二十三年六月二十七日)

並與之議定每硝一担徵稅三錢查照鹹沙舊章官為收買存貯附近司道庫撥充年額其價值按時酌定不准稍有抑勒亦不准私行售給匪徒所有廣州福州廈門寧波上海各口均一律照辦其出口硝磺仍應嚴行查禁以免偷漏而資軍火臣等謹附片陳明伏乞

聖鑒謹

奏

是依議行知

七三一　粤海關監督文豐奏折

關稅盈餘銀兩數目(道光二十三年六月二十七日)

粤海關監督奴才文豐跪

奏為恭報關稅盈餘銀兩數目仰祈

聖鑒事竊照粤海關每年徵收正雜銀兩例於滿關後三個月將收支實數分款造報兹查關期遞年連閏趲前應徵乙巳年分關稅督臣祁𡐓署理任内自道光二十二年二月二十六日起至四月初七日止計一個月零十二日奴才接管任内自四月初八日起至二十三年二月二十五日止計十個月零十八日統計一年期内兩任

七三一 粤海關監督文豐奏折 關稅盈餘銀兩數目（道光二十三年六月二十七日）

合徵大關各口共徵銀一百一十八萬二千四百八十八兩九錢九分三釐業於本年三月關期報滿時經將徵收總數恭摺
奏明在案現當三個月期滿自應照例造報查乙巳年分徵收稅銀內除循例支出正額銀四萬兩銅斤水脚銀三千五百六十四兩移交藩庫取有實收送部查覈又除撥解浙江軍需銀一十萬兩又撥解南河工費銀八萬兩又改撥銀六萬兩又除支銷通關經費養廉工食及鎔銷

折耗等銀四萬七千四十四兩六錢六分二釐外尚存正雜羨盈餘各款等銀八十五萬一千八百八十兩三錢三分一釐又加平及平餘等銀一萬五千三百一十兩七錢五分二釐又另款報觧潘仕成採買軍工木料雇倩朱順安船水手隨帶零星貨税銀三百五十九兩九錢二分以上通共應存銀八十六萬七千五百五十一兩三釐内除各口已徵未觧銀兩挐現在上緊嚴催俟完繳到日再行覈辦現實存銀八十

萬六千六十三兩七錢七分二釐遵照
奏定撫夷案内留貯備還夷欠毋庸解京交納合
併聲明除循例逐款照舊造册送部覈銷外合
將支銷動撥各數及留貯緣由謹恭摺具
奏伏乞
皇上聖鑒謹
奏

户部知道

道光二十三年六月　二十七　日

七三二 欽差大臣兩江總督耆英奏折
粵海關自開市以來英人貿易照常
(道光二十三年閏七月十二日)

臣耆英 臣程矞采
臣祁墳 臣文豐跪

奏為粵海關自開市以來華夷安輯貿易照常恭

摺附驛奏

聞仰慰

聖懷事竊臣耆英前因暎咭唎急於通市附片奏明

即照伊里布前定期限於七月初一日先在廣

州開市欽奉

諭旨著即照議辦理等因欽此欽遵在案臣等伏查

各國貨船向年皆於六月以後先後來粵隨時

七三二　欽差大臣兩江總督耆英奏折

粤海關自開市以來英人貿易照常（道光二十三年閏七月十二日）

售貨完税俟來年二三月間裝載出口貨物陸續回帆歸國其後到之船爲數無多是以粤海關徵收税銀最旺之期在於秋冬之交現自七月初一日查照新定章程開關以來截至閏七月初十日共有進口嘆咭唎咪唎㗼二國貨船五十三隻各投素所相信之行店十餘家貿易貨物完納税餉華夷均極安靖市肆閭閻恬熙樂業一切照常計已徵收過税銀十二萬八千九百餘兩比較上年七月初一日至八月初十

七三二　欽差大臣兩江總督耆英奏折

粤海關自開市以來英人貿易照常
(道光二十三年閏七月十二日)

日所收税數有盈無絀歷來各國商船遷有無出口多於進口現在洋船甫到所收皆係進口之税間有出口者為數亦甚細微轉瞬抽收出口貨税自必更見充盈將來福州等四口開市後粤海關勢雖遜於往年而統五口計之税數加增其機已見洵堪仰慰

宸廑惟粤海關口岸散漫港汊紛歧必得多派書役逐段巡邏其計擔納税按貨過秤動輒以數千百擔計所需人役實屬不少從前此等人役皆

七三二　欽差大臣兩江總督耆英奏折

粤海關自開市以來英人貿易照常（道光二十三年閏七月十二日）

係私收擔頭銀兩並無工食現在浮費全裁竟致枵腹從事其勢不能不為酌籌經費以資餬口而杜弊端容臣祁𡎴臣文豐另行籌議辦理至要約各條皆已定議日内本可完結惟因夷酋噗喎喳不識漢字必須夷目嗎禮噬譯出夷字與彼商定再譯漢文始能繕成書冊令嗎禮噬於閏七月初五日因熱症暴斃已由臣耆英飛飭噗酋另派通習漢文之夷目迅速繙譯大約又須數日不致因之延誤所有開市以後情

七三二 欽差大臣兩江總督耆英奏折

粤海關自開市以來英人貿易照常(道光二十三年閏七月十二日)

覽奏均悉一切妥商辦理

彤臣等謹恭摺馳

奏伏乞

皇上聖鑒謹

奏

道光二十三年閏七月　十二　日

七三三　欽差大臣兩江總督耆英奏折

查辦米利堅等國通商情形

(道光二十三年閏七月十二日)

臣耆英　臣程矞采
臣祁𡒉　臣文　豐跪

奏爲敬陳查辦咪唎㗳等國通商大畧情形先行

恭摺馳

奏仰祈

聖鑒事竊照咪唎㗳等國在臣祁𡒉衙門呈請代求

恩施准與暎咭唎國一體前赴各省貿易經臣祁𡒉

臣耆英及伊里布先後奏奉

諭旨咪唎㗳咈𠯿哂等國請照新定章程辦理准俟

定議後要約明白另行辦理等因欽此臣等伏查

七三三　欽差大臣兩江總督耆英奏折

查辦米利堅等國通商情形

（道光二十三年閏七月十二日）

各國來粤貿易船隻惟噗咭唎及其所屬之港脚爲最多其次則咪唎㗍幾與相埒此外止荷蘭國每年有貨船自三四隻至十餘隻不等尚有咈囒哂國吕宋國連國瑞國單鷹國雙鷹國甚波立國來船或有或無或多或少大約每國一二隻至多亦不過五六隻今噗咭唎通商章程業已議定其上海等處馬頭亦不敢獨擅其利且定海等處皆有咪唎㗍貨船與噗夷同幫共泊急望開市自應先與咪唎㗍定議通商惟

七三三　欽差大臣兩江總督耆英奏折
查辦米利堅等國通商情形
（道光二十三年閏七月十二日）

前在臣祁塡衙門投遞文信之夷目咖呢已於
三月中臣耆英未到之先揚帆回國僅有代理
領事名嘹者在粵管理貿易事宜復在臣耆英
前稟請遵照新章貿易臣等即因勢利導宣布
皇仁准照新章在閩廣江浙等五口輸稅貿易以示
懷柔即據該夷稟陳感激之忱惟稱進口貨物
内洋參鉛斤二項産自該國向因稅則繁重每
多偷漏現在浮費雖奉刪除而新定稅則上洋
參每百斤完稅三十八兩下洋參每百斤完稅

三兩五錢黑白鉛每百斤完稅四錢覈計賣價
幾將十抽四五各該商不獨無利可圖且多折
耗請以百斤取五爲率上洋參每百斤徵稅四
兩下洋參每百斤徵稅二兩七錢鉛斤每百斤
徵稅二錢臣等因稅則業已議定具
奏該夷首先請改若各國紛紛效尤殊屬不成事
體當即駁飭去後又據該夷禀稱洋參一項原
來係屬不分上下約計每百斤内有上下等各
半應與鉛斤一併暫遵新例覈實完稅但現在

該國船隻未齊俟夷目前來另行定議等情臣等誠恐其言不實不盡即密派親信前赴市間購買上等洋參一斤用銀一兩四錢覈計每百斤值銀一百四十兩又詳加確訪洋參價值隨來貨多少為貴賤賤時每斤不過值銀一兩內外該夷所請尚非逞刁要挾且查每年來貨上等洋參不過四百餘担下等洋參不過千担鉛斤不過二百餘担即照請酌減稅則每年止少收數千金與其因稅重而偷漏走私且得藉為

口實莫若示寬大而覈實徵收免其另生枝節
但現在咈囒哂等國尚未議定未便遽開其端
容臣等通盤籌定另行奏明請
旨至咈囒哂國每年來船數目雖屬無多而從前為
西洋强盛之國就現在通市各國而論該國在
粵通市最為年久向來不肯因人成事先有夷
目嗔𠰌噫自稱領事寓居澳門遣其副目吵喱
來省投遞單稟議及往來儀禮並輸税章程又
稱此單未足為據臣等當即委員前赴澳門向

嗔𠽌噫切實查詢又有夷目啦吔嚎咚以嗔𠽌
噫冒充領事吵哩在省無禮已將吵哩斥革兩
次赴臣祁墳衙門具禀求與臣等見面臣等因
真假難辨現在密加訪查一俟得實即與見面
定議大約數日之内亦可完結其荷蘭等國船
尚未到來否不能預必即使陸續前來各該國
船少勢涣素稱恭順仰蒙
皇上一視同仁自不致有異議此向在番禺縣黄埔
停船起駁前赴廣州貿易各國之大畧情形也

七三三　欽差大臣兩江總督耆英奏折　查辦米利堅等國通商情形（道光二十三年閏七月十二日）

又大西洋之意大里亞國自明迄今住居香山縣之澳門地方額定商船二十五隻准其前赴各國販貨來澳自行發賣其貨税皆出於前往澳門買貨之華商該國止完船鈔與在廣州貿易各國章程不同本可毋庸另議惟澳門向有在廣州貿易各國夷人因廣州無容身之地前赴該處向意大里亞賃房居住現在暎夷既往香港新定章程又准五口通市各該夷散之四處澳門之房租勢必漸少買賣亦斷不能如前

意大里亞生計頓蹙情實向隅現據懇求設法
辦理臣等詳加體察必應量爲變通亦已委員
前赴澳門與該夷目從長計議似亦易於完結
此在澳門貿易之意大里亞國大畧情形也總
之西洋各國以通商爲性命
天朝制馭之術全在一切持平不事苛求務存大體
則桀驁之氣不抑而自消且可收少取即所以
多取之效臣等惟有不避嫌怨删浮費以蘇夷
累增税餉以裕

七三三　欽差大臣兩江總督耆英奏折
查辦米利堅等國通商情形
(道光二十三年閏七月十二日)

國用庶期華夷輯睦永久相安以仰副
聖主綏靖海疆之至意所有咪唎嘫等國大畧情形
謹合詞恭摺馳
奏伏乞
皇上聖鑒謹
奏
勿顧目前總要籌及大者遠者
議定後即行具奏
道光二十三年閏七月　十二　日

七三四 兩廣總督祁𡎴奏折

粤海關設立要卡酌籌經費

(道光二十三年八月二十二日)

兩廣總督臣祁𡎴
粤海關監督臣文豐跪

奏爲設立要卡酌籌經費以絶偷漏而裕税課恭

摺具

奏仰祈

聖鑒事竊惟關口之設原以嚴緝奸商而稽查私貨

近來茶葉湖絲大黄等項每多走私間有緝獲

不過百中之一蓋由三水之思賢滘虎門左近

之三門南海之九江沙頭東莞之石龍香山之

石岐順德之黄連甘竹凡七處均有汊河可以

七三四　兩廣總督祁𡎴奏折　粤海關設立要卡酌籌經費（道光二十三年八月二十二日）

逮道出海向無卡口稽查今香港既准英夷居
住不得不預防内地奸商逮道偷運臣等再四
籌議擬於七處要口設立卡房每卡派家人一
名書一名役一名巡丁十名水火夫二名巡船
水手八名每月各給工食雜費凡有銷售外夷
之物均不准其逮道行走如有偷漏奸商即行
緝拿其囤積私貨者會同地方官弁協拿以專
責成但每處建造卡房巡船及工食一切經費
現在新章初定無款可籌所有修建官房及添

七三四　兩廣總督祁𡎴奏折

粤海關設立要卡酌籌經費
(道光二十三年八月二十二日)

設巡船由臣文豐自行捐廉辦理不請開銷至書役巡丁等工食銀兩查舊例丈量夷船賞給牛麪酒等項一年約用銀三千餘兩兹計噸輸鈔既不丈量毋庸賞給又總督衙門派委押船武弁津貼一年約用銀二千餘兩現擬裁撤亦毋庸津貼向來此兩項俱在經費項下支銷請將此二項銀兩即撥為各卡工食之用仍於經費内動支每年奏銷時逐一造册咨部覈實報銷庶冀私漏可絶而税課無虧謹將添設各卡

七三四　兩廣總督祁𡊮奏折
粵海關設立要卡酌籌經費
（道光二十三年八月二十二日）

應需銀兩數目另具清單恭呈
御覽是否有當伏乞
皇上訓示謹
奏
戶部議奏單併發

道光二十三年八月　二十二　日

七三五 兩廣總督祁𡊮奏折

籌議粵海關書役人等飯食公費

(道光二十三年八月二十二日)

兩廣總督臣祁𡊮
粵海關監督臣文豐跪

奏爲會議籌給各書役人等飯食公費據實陳明

仰祈

聖鑒事竊照粵海關設立書差人等除書吏有例支工食外其餘帮辦清書及差役向無工食支給所有一切公費飯食以及紙筆等項向於洋商承辦夷船貨物内按每百觔抽取担頭銀一分八釐以爲津貼之需曾於乾隆九年經前任監督臣策楞具

奏酌留諭飭遵照歷久奉行在案兹因撫夷案内
另立新章一切浮費概行革除差役人等亦應
酌覈裁減惟是粵海關口岸散漫港汊紛歧必
得多派書役逐段巡邏其計担納税按貨過秤
所需人役固屬不少且各國夷船進出虎門距
省二百餘里之遥黄埔至省雖止四十餘里而
所到夷船往往參差停泊黄埔以下二三十里
不等巡緝管押更在在需人至於起下貨物由
省發艇差派一名往返有需時日儻旺月夷船

七三五　兩廣總督祁𡎴奏折

籌議粤海關書役人等飯食公費
(道光二十三年八月二十二日)

雲集投報紛繁每日差派二三十名或五六十名不等接續蟬聯實難周轉故每有停差待轉之時若將差役稍為裁减差遣又屬不敷愈難辦理兹新定税則業將舊徵各雜欵彙併裁箕歸作一條該書役等承應辦公一切差務逐日奔走餬口無資若不亟為籌畫則該書役等既不肯枵腹從事且恐復啟藉端需索之弊反為夷人所藉口臣等前與

欽差大臣耆英會奏酌議税務章程並覆奏華夷安

輯貿易照常摺内均經聲明容臣等另行籌議
各在案臣等伏查新定海關税則章程盡歸𣪍
實此後一收一解均屬税銀實無從為該書役
等籌給工食之需再四思維既無欵項可籌書
役又難裁減惟有仰懇
皇上天恩俯准將各該書差等舊得飯食公費銀兩
仍按貨物每百觔抽取担頭銀一分八釐之例
於額外盈餘内作正開除以為各書差津貼辦
公之需且與乾隆九年前監督臣策楞所請

七三五　兩廣總督祁𡎴奏折　籌議粵海關書役人等飯食公費（道光二十三年八月二十二日）

奏留担頭銀兩舊制相符於夷商毫無所損該書
差等仰沐
皇仁當必益加勤謹黽勉辦公至每年所需担頭銀
兩卽按照徵收貨物觔數開除俟關期報滿之
時將一年支銷各數造具清冊送部查覈臣等
愚昧之見是否有當伏乞
皇上訓示遵行謹將額設書差數目另繕清單恭呈
御覽為此謹
奏請

七三五　兩廣總督祁墳奏折　籌議粤海關書役人等飯食公費（道光二十三年八月二十二日）

户部議奏单併發
旨

道光二十三年八月　二十二　日

七三六　欽差大臣兩江總督耆英奏折

酌定通商條約善後章程

（道光二十三年八月二十七日）

臣耆　英臣程矞采

臣祁　𡒄臣文　豐跪

奏爲酌定善後條約恭摺由驛馳奏仰祈

聖鑒事竊照通商案内未盡事宜如各國商船止准

在五口貿易不准駛往他處及香港華夷雜居

應行設法稽查等款必須妥立章程彙列一册

與上年在江南原定條約一併存貯前經臣耆

英先後奏蒙

聖鑒在案臣等公同籌議所約各條大半均有成説

此時只須重申前約通行遵照惟香港雖非買

七三六　欽差大臣兩江總督耆英奏折

酌定通商條約善後章程

(道光二十三年八月二十七日)

賣馬頭已為商民錯處之地有商即有貨難保

無内地商人希圖偷漏前往貿易情事稽查之

法亦不可不嚴當經彙定條款照會噗鼎喳往

返商定繕寫成冊臣耆英帶同黄恩彤咸齡前

赴虎門邀約噗鼎喳及其派往各口管理貿易

之囉哈嘶哼呔嘟吧噹嗮等於八月十五日前

來當面逐條要約堅定蓋用

欽差大臣關防及噗鼎喳圖記彼此各執為憑謹將

議定善後條約十七條附列小船章程三條欽

七三六　欽差大臣兩江總督耆英奏折
（道光二十三年八月二十七日）
酌定通商條約善後章程

遵前奉
諭旨另繕恭呈
御覽仍俟奉到
批摺再行照會欽遵並行知各國一體遵照至新安縣之尖沙嘴九龍二處地方均係官富司巡檢所轄坐落香港對岸上年臣耆英在江南時會同伊里布等擬將該巡檢移駐尖沙嘴藉資彈壓兹臣祁𡊮等督飭司道體察情形以移駐九龍為便仍容臣祁𡊮等另行專案

七三六　欽差大臣兩江總督耆英奏折　酌定通商條約善後章程（道光二十三年八月二十七日）

奏明移駐所有酌定善後條約緣由謹恭摺馳

奏伏乞

皇上聖鑒

訓示再尚有咪唎㗚等國通商章程現在覆核容即

另繕具奏合併陳明謹

奏

軍機大臣速議具奏單併發

道光二十三年八月　二十七　日

七三七 欽差大臣耆英奏折

籌議粵海關裁費歸公情形

(道光二十三年八月二十七日)

臣耆英 臣程矞采跪

臣祁𡎴 臣文 豐

奏爲敬陳粵海關裁費歸公實在情形分别籌議

辦理以免貽誤恭摺

奏祈

聖鑒事竊臣等於辦理通商案内因浮費全裁粵海

關辦公無資請將每年應進

貢品及應解内務府備貢參價銀兩在於額外盈

餘項下開銷兹准部覆應由粵海關監督自行

妥議辦理等因咨行前來臣等伏查任土作貢

乃臣下芹獻微忱本無請銷錢糧之理其備貢一款係由洋商按貨抽算人參變價則飭商領售誠如駁飭均可設法辦理但款目雖各有所自出而其實悉取之於商貨並非監督洋商出自己資亦無另有别項可以取盈之處從前粵海關於正稅之外皆有羨餘是以監督洋商一切公事得以從容措置無如日久弊生洋商輒藉辦公為名把持壟斷巧立名目多取漁利該洋商獲利既厚各項人等無不視為利藪小則

七三七　欽差大臣耆英奏折

籌議粵海關裁費歸公情形

（道光二十三年八月二十七日）

望其佽助大則從而勒索日增月加無所底止
綜而計之幾將入不敷出身家殷實者尚可勉
力支持成本較薄者無不立形倒乏其乏商所
虧官項不得不攤之於衆商以期有著年復一
年竟致無商不累於是各洋商上則短少羨餘
外則誅求無厭爲挹彼注兹之計因之監督辦
公竭蹷外夷積忿生事上年在江南議撫時夷
酋噗鼎喳首以裁革洋商删除浮費爲請實由
於此迨伊里布抵粵後該酋又以正税之外不

能另有加增設有必不可少之項應於則例内
註明正税若干另項若干字樣以免另起釁端
等詞再三要約臣耆英因則例係應頒發之件
華夷共知
國體攸關未便於正税之外另有别項名目
奏請歸作一條編徵分款解支例外浮費盡行禁
革欽奉
諭旨現當酌定税則之初此事尤宜斟酌盡善不致
日久弊生庶使華夷均可相安無事該大臣務當

七三七 欽差大臣耆英奏折

（道光二十三年八月二十七日）籌議粵海關裁費歸公情形

會同祁墳等悉心籌度因勢利導總期於民隱夷
情兩無窒礙方為不負委任等因欽此臣等欽遵
會同督飭黄恩彤咸齡再三籌度無論華民夷
商均可使由不可使知與其在則例内將正税
另款逐一註明莫若仍照前議一條編徵查款
奏明分别解支以符體制而免煩瑣復就該夷情
願報効
大皇帝不顧出給浮費之辭許以定例之後並無再
有絲毫需索向其反覆開導始據應允將大宗

貨物稅銀逐一加增其餘各稅雖互有增減而
以新例比較舊例每年徵收額外盈餘銀兩總
可有盈無絀即將必不可少之項聲請開銷數
之酌中年分所徵額外盈餘似不致有短絀是
不獨必不可少之項業已一條編徵無從再向
抽取即向之所謂浮費者亦多改正歸公於外
夷既示懷柔於
國計不無裨益所以臣等前請將辦貢備貢參價
三項於額外盈餘銀兩內開銷也今經議令仍

七三七、欽差大臣耆英奏折
籌議粤海關裁費歸公情形
(道光二十三年八月二十七日)

由粤海關監督自行籌辦臣文豐内府世僕受
恩深重何敢稍有推諉臣耆英等伏思通商本屬安
邊立法期在經久羨餘浮費既皆歸公該監督
即無辦公之資若仍責令自行籌議不事掊尅
則將束手無策當此章程新定之時夷人必不
甘受掊尅而奉駁三款皆係歷年必不可少之
件一經束手必致貽誤要需設照舊章責成洋
商呈繳其勢亦有難行蓋裁革洋商者雖止嘆
咭唎一國而各國商船惟嘆咭唎為最多其次

即係咪唎嘡現在咪唎嘡商船俱照暎咭唎章程自投行店此外各國每年本止商船一二隻不等所收稅銀甚屬有限昨有嗹啵啞荷蘭等國商船到粤亦照新章投行均無官設洋商名目倘責成現與各國交易之新舊行店設法措繳而該行店所得辛工銀兩除人夫飯食房租等項費用之外所餘無幾斷難再似從前之承認呈繳若操之過急該行店必將藉口閉歇貽誤通商於大局殊有關繫臣等反覆籌思新章

七三七　欽差大臣耆英奏折

籌議粤海關裁費歸公情形

（道光二十三年八月二十七日）

既定之後各該關監督果能招徠有術透漏無從其額外盈餘必較從前有增無减斷不致於不敷撥解所有辦貢備貢二款應請仍照原議於額外盈餘銀兩内開銷其變價參斤應請仍行照舊發交由粤海關監督轉發粤盈庫大使招商變售繳價報解不准遲延抑勒倘銷不足數亦請動支額外盈餘照數補足設額外盈餘竟有不敷撥解之年即屬該監督辦理不善咎無可辭應請將以上三款銀兩責令賠補庶要

款不致虛懸稅外别無苛索將來應否酌量變
通俟三年後再行察看情形由廣東福建浙江
江蘇四省督撫臣會督各關監督通盤籌議與
分劃稅款一併
奏明辦理再向來粤海關弊端在於藉辦公之名
為中飽之計以致利柄下移商民交困夷夏之
情又閡隔而不通若非力挽頹波必將仍循覆
轍所以臣等此次籌辦通商務在正本清源湔
除積習勉冀權操自上富藏於民似於裕

七三七 欽差大臣耆英奏折

籌議粵海關裁費歸公情形（道光二十三年八月二十七日）

國理財之道或可小補惟積蠹豪强取攜自便者
多所觖望浮議流言勢在不免然事關安邊大
計臣等不敢稍有顧忌致負
聖主委任邊防之至意所有籌議辦理緣由謹合詞
恭摺具
奏伏乞
皇上聖鑒
訓示謹
奏

七三七　欽差大臣耆英奏折

籌議粤海關裁費歸公情形

（道光二十三年八月二十七日）

另有旨

道光二十三年八月　二十七　日

七三八　欽差大臣耆英奏折

五口通商後粤海關征税情形
（道光二十三年八月二十七日）

再粤海關徵收税餉向係扣足十二個月爲滿遞年連閏趲前計算現徵丙午年年分關餉應自道光二十三年二月二十六日起連閏扣至二十四年正月二十五日一年期滿查現定五口通商章程粤海關税額如有徵不足數暫於上海等四關所徵西洋各國税内撥補即由各海關徑自報撥俟三年後察看情形再將粤海關原額銀數〻歸五口作爲定額業經臣等奏奉勅部覆准在案所有本年上海等四關開市以後所

徵西洋各國税銀應與粵海關一體以道光二
十四年正月二十五日爲截數之期將徵收數
目咨會粵海關查照以後每屆三個月各該關
互相咨會一次俾關期不致參差倘粵海關徵
不足額即可照案指請撥補仍於截數時由各
海關另案題報以資稽考至粵海關自康熙年
間設立監督之後遞年連閏趲前以十二個月
爲一年是以現屆癸卯年已徵丙午年年税餉令
上海等四關係屬創始之年粵海關章程亦多

所更改應請即從道光二十四年正月二十六日爲始聲明以某年月日爲始至某年月日連閏扣足十二個月爲該關報滿之期毋庸再排甲乙以免混淆臣等謹附片陳明伏乞

皇上聖鑒敕部查照施行謹

奏

户部知道